Roadtrips
Sizilien

von Dr. Carsten Drecoll

ENTLANG DER STEILEN KLIPPEN ab S. 136

Etappe 1
Taormina – Castel di Tusa

Etappe 2
Castel di Tusa – Cefalù

Etappe 3
Cefalù – Palermo

IM WESTER DER URSPRÜNGE
ab S. 26

Etappe 1
Palermo – Castellammare del Golfo

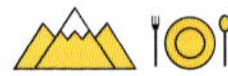

Etappe 2
Castellammare del Golfo – Trapani

Etappe 3
Trapani – Selinunt

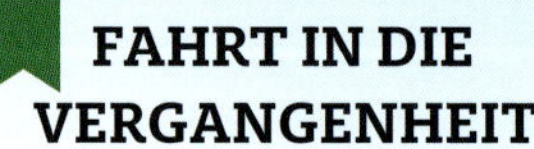

FAHRT IN DIE VERGANGENHEIT
ab S. 48

Etappe 1
Selinunt – Agrigent

Etappe 2
Agrigent – Piazza Armerina

Etappe 3
Piazza Armerina – Noto

Sizilien

IM KONTRASTREICHEN NORDEN

ab S. 112

Etappe 1
Taormina – Oliveri

Etappe 2
Oliveri – Vulcano – Oliveri

Etappe 3
Oliveri – Taormina

ROUTE MIT BURGEN UND LAVA

ab S. 76

Etappe 1
Noto – Donnafugata – Noto

Etappe 2
Noto – Taormina

Etappe 3
Rund um den Ätna

N

Lipari
Vulcano
Milazzo
Messina
Oliveri
Taormina
Bronte
Adrano
Acireale
Catania
Piazza Armerina
Augusta
ltagirone
Syrakus
Ragusa
Noto
Mòdica

UMSTEIGEPUNKTE
Übergangsmöglichkeiten zu anderen Touren und Etappen

VERBINDUNGSROUTEN
Auf den gelb gekennzeichneten Routen schnell von einer Tour zur anderen fahren

Seite 32
Einsame, von Felsen und Klippen umrahmte Buchten zieren die Küste um Castellamare del Golfo.

Inhalt

Es geht los!

Unterwegs

Im Westen der Ursprünge

Fahrt in die Vergangenheit

Route mit Burgen und Lava

Im kontrastreichen Norden

Entlang der steilen Klippen

Gut zu wissen

Seite 94

Reich verzierte Barockfassaden sind in Sizilien keine Seltenheit, wie hier auf der Piazza Duomo in Catania.

Einfach losfahren!

So bauen Sie sich Ihre individuelle Traumtour

Die in diesem Band vorgeschlagenen Routen führen durchweg über landschaftlich schöne Straßen, häufig mit spektakulären Ausblicken. Fahrerisch sind sie manchmal spannend. Besonders kleinere Straßen weisen häufig Schlaglöcher und abgesackte Fahrbahnteile auf, die überraschend kommen können. Es gilt also, mit Ruhe und Genuss das Land zu erfahren: Genießen Sie jeden Moment des Unterwegsseins! Jede Etappe ist ein Tagesprogramm.

Achtung: Die hier vorgeschlagenen Touren sind für Pkw oder Motorrad konzipiert. Große Wohnmobile oder besonders hoch gebaute Vans können nicht überall fahren. Mit der Navigation in der ADAC Trips App können Sie die Tour exakt abfahren. Sollten Sie im Vorfeld die Route planen wollen, z. B. für spezielle Fahrzeugtypen, empfehlen wir unseren Routenplaner unter maps.adac.de.

UMSTEIGEPUNKT
NOTO

Sehenswertes in der Umgebung

IHR WEGWEISER: UMSTEIGEPUNKTE
Jede Tour in diesem Band besteht aus mehreren Etappen. Etappen und ganze Touren lassen sich mittels Querverbindungen kombinieren, abkürzen oder variieren. Dazu dienen besonders die Umsteigepunkte. Alle Umsteigepunkte sind auch reizvolle Orte für ein festes Standquartier.

Diesen QR-Code finden Sie bei jedem Umsteigepunkt. Er führt Sie direkt zu einer Umkreissuche in der ADAC Trips App, hier können Sie die umliegenden Sehenswürdigkeiten und Orte nach Ihren Wünschen sortieren und den Radius festlegen, in dem Sie weitere spannende Entdeckungen finden.

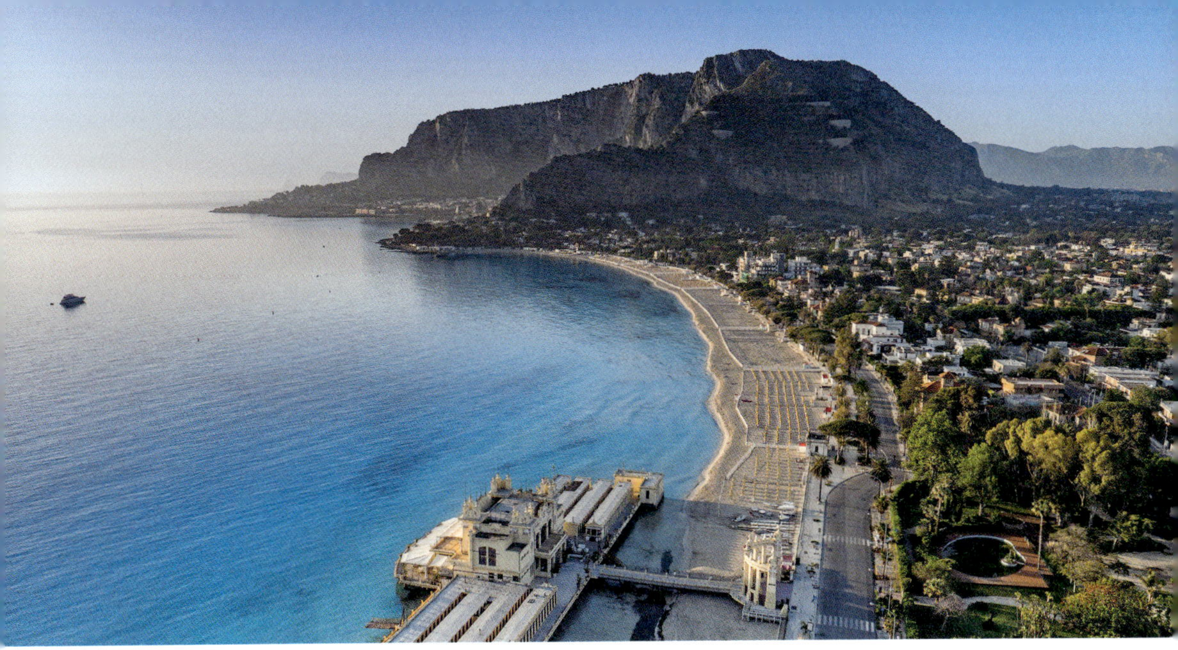

In unmittelbarer Nähe der Hauptstadt Palermo locken die Strände von Mondello.

DOWNLOAD DER ADAC TRIPS APP

Einfach mit der Handy-Kamera einscannen: Mit diesem Code können Sie für Ihr Handy-Betriebssystem (iOS oder Android) die kostenlose ADAC Trips App herunterladen.

IHR GANZ PERSÖNLICHER ROADTRIP

Jede Etappe hat einen eigenen Schwerpunkt: Wasser, Kulinarik, Kultur oder Natur. Gestalten Sie Ihren ganz persönlichen Roadtrip!

IMMER GUT GEPLANT: NAVIGATION UND GPX-DATEN

Diesen QR-Code finden Sie zu Beginn jeder Tour. Der Scan erlaubt Ihnen die Navigation vor Ort direkt über ADAC Trips App – oder Sie laden sich die GPX-Daten zu jeder Tour auf Ihr eigenes Navigationsgerät.

Weitere Details in der ADAC Trips App

REISE-ERLEBNISSE IN DER APP

Überall im Buch, wo Sie diesen QR-Code neben dem Text sehen, führt Sie der Scan direkt zu allen Details der beschriebenen Sehenswürdigkeit – mit laufend aktualisierten Details und Informationen.

Erlebniswelten Sizilien

Eine Insel zum Verwöhnen

Sizilien ist ein Fest für alle Sinne, und dieses Buch lässt Sie die Insel in all ihren Facetten erspüren – von den spektakulären Landschaften, die über Jahrhunderte von Meer, Vulkanen, Wind und Wetter geformt wurden, bis zu den einzigartigen Kulturdenkmälern, die Griechen, Römer, Araber und andere Kulturen hinterlassen haben. Die Küsten locken mit herrlichen Stränden, die zum Baden einladen, und schroffen Steilklippen hoch über dem Meer. Und auch kulinarisch ist Sizilien ein Erlebnis – mit *arancini*, *cannoli* oder Seafood und betörenden sizilianischen Weinen.

Seite 136
An der Nordküste windet sich die Staatsstraße direkt am Meer entlang.

Die vorgelagerten sizilianischen Inseln sind Paradiese zum Baden und Schnorcheln.

Die See sorgt für Leben

Auf der Insel hängen Handel und Tourismus immer vom Meer ab

Sizilien ist die größte der Mittelmeerinseln. Zwischen arabischem, tyrrhenischem und ionischem Meer gelegen, nimmt das Eiland in Form eines Dreiecks von jeher eine zentrale Stellung ein. Phönizier, Griechen, Karthager, Römer und Normannen kamen nach Sizilien, um ihre Herrschaft zu begründen. Auch der berühmteste Seefahrer aller Zeiten, Odysseus, soll hier vorbeigekommen sein.

Das Meer bedeutete für die Insel kulturellen Austausch, Fischfang und Handel, aber auch Eroberung und Piratenüberfälle. Nicht von ungefähr lagen die bedeutenden antiken Städte am Meer, denn sie begründeten ihre Macht mit Seehandel und ihren Flotten. Später, im Mittelalter, errichtete man Befestigungsanlagen und Städte lieber auf Felsspitzen und zog sich ins Landesinnere zurück.

LOCKRUF DES MEERES

Noch im 19. Jahrhundert wäre niemand auf die Idee gekommen, im Meer zu baden. Den Bauern war das Meer suspekt und auch die Fischer konnten nicht schwimmen. Heute gehört Sizilien zu den beliebtesten Orten für Sommerurlauber in Europa, im August vor allem bei den Italienern selbst. Von März bis Oktober kommen zudem zahlreiche ausländische Touristen und Reisende auf die Insel, auch deutschsprachige Gäste schätzen sie.

WEISSE UND SCHWARZE TRAUMSTRÄNDE

Wer lange Sandstrände sucht, findet sie im Süden (Tour 2, S. 50, S. 68, Tour 3, S. 78). Felsig mit kleinen Buchten zeigt sich dagegen die Nordküste. Auch die diversen kleineren sizilianischen Inseln laden vielerorts zum Baden ein. Das Meer lädt von April/Mai bis in den Oktober hinein zum Baden ein, denn das Wasser speichert lange die Sommerwärme. Die beste Wasser- und Strandqualität wird in Italien mit dem Gütezeichen *bandiera blu* gekennzeichnet, 2022 waren elf Strände in Sizilien mit dieser Flagge bewertet. Mit Ausnahme des Augusts wird man auch immer Strände finden, die nur wenig besucht sind. Es gibt nicht nur weiße Sandstrände. Im Norden warten außerdem Kieselstrände und auf den Liparischen Inseln (Eolie) sogar schwarze Strände aus Vulkansand.

Sprung ins Mittelmeer vor Cefalùs (S. 154) Altstadtkulisse

ABTAUCHEN IN EINE FASZINIERENDE UNTERWASSERWELT

Die felsigen Küsten bieten sich zum Schnorcheln an oder, wer es kann, zum Tauchen. Tauchexkursionen werden in Giardini-Naxos bei Taormina angeboten, wo eine vielfältige Unterwasserwelt wartet. Es lohnt sich, einen Tagesausflug mit Boot zu buchen, denn auf diese Weise werden auch unzugängliche Küstenabschnitte erreicht, vor denen man abtauchen kann. Solche Exkursionen werden in vielen Touristenzentren der Insel veranstaltet.

Weinberge und Oliventäler

Eine erstaunliche Vielfalt vom Ätna bis zur Küste

Äußerst abwechslungsreich präsentieren sich die Landschaften Siziliens, was sich bei allen fünf Touren in diesem Buch deutlich zeigt. Nur 15 % der Inselfläche sind eben, 60 % gelten als Hügelland und 25 % sind Berge oder Gebirge.

Die Bergwelten der Monti Peloritani, Nebrodi und Madonie (Tour 4, Tour 5) erreichen nicht ganz eine Höhe von 2000 m. Nur der Ätna überragt alles mit über 3000 m. Auch im Hügelland steigt die Straße mitunter auf 1000 m an. Das sorgt für spektakuläre Panoramen während der Autofahrt, aber für Fahrer sind die Strecken teilweise sehr anspruchsvoll. Auch geologisch gesehen herrscht eine große Vielfalt. Kalk- und Karstgestein, Sandstein und Ton sowie Lavastein und Basalt prägen das Bild – nicht nur in der Landschaft, sondern auch beim Baumaterial der Gebäude: schwarzes Lavagestein rund um den Ätna, warmer, honigfarbener und sehr weicher Sandstein an den Barockgebäuden im Südosten und Kalkstein an den Tempeln von Segesta oder Selinunt.

TIEFE SCHLUCHTEN UND TROCKENE FLÜSSE

Wind und Wetter haben die Landschaft der Insel sichtbar geprägt. Wo die Gebirge im Norden ans Meer grenzen, haben sich tiefe Rinnen gebildet, die in sogenannte *fiumare* oder *torrenti* auslaufen, trockenliegende Flussbetten, die sich bei Regenfällen schnell mit viel Wasser füllen können und dann als Notabflüsse dienen. Die Niederschlagsmengen variieren in den unterschiedlichen Inselregionen extrem. In den Monti Nebrodi können manchmal bis 1300 mm pro Jahr gemessen werden, andernorts nicht einmal 500 mm.

Bei Trapani (S. 40) und Marsala wird Salz aus dem Meer gewonnen.

Im Norden Siziliens erstrecken sich teils hohe Gebirgszüge – doch der Ätna (S. 110) überragt sie alle.

SPUREN EINES HEMMUNGSLOSEN RAUBBAUS

Die wechselvolle Geschichte Siziliens hat deutliche Spuren in den Landschaften der Insel hinterlassen. Sie trägt bis heute die sichtbaren Anzeichen der hemmungslosen Ausbeutung durch die verschiedenen Herrschenden. Schon die Römer, deren erste Provinz Sizilien war, betrieben hier Raubbau. Am stärksten prägte jedoch die Feudalherrschaft unter den Spaniern das Antlitz der Insel. Um das kostspielige Leben am Hof des Vizekönigs in Palermo zu finanzieren, wurde immer mehr Land gerodet und umgepflügt. Bereits im 18. Jahrhundert begannen fortschrittliche Adelige, diese Missstände zu kritisieren. Doch die Engländer machten zu Beginn des 19. Jahrhunderts auf die gleiche Weise weiter.

NEUES GRÜN AUF ALTEN FLÄCHEN

Inzwischen hat sich manches getan, denn die fortschreitende Erosion zwang die Sizilianer zum Handeln. Man sieht immer wieder mehr oder weniger gelungene Aufforstungsflächen. Originären Wald findet man in den Monti Nebrodi, hier wachsen Buchen, Steineichen und auch Nadelbäume (Tour 4, S. 114). Am Ätna gedeihen Kastanien oder Koniferen. Als Nutzpflanze ist in erster Linie der Olivenbaum zu nennen, den bereits die Griechen nach Sizilien brachten, als sie ihre ersten Pflanzstädte errichteten. Heute prägen große Plantagen mit Olivenbäumen das Bild. Daneben wird der Johannesbrotbaum im Südosten intensiv angebaut.

Promenade in Syrakus (S. 90): An den Küsten landet fangfrische Ware direkt in den Trattorien und Restaurants.

Nicht nur Meeresfrüchte

Von Arancini bis Cannoli: Sizilien ist ein Ziel für Gourmets

Kenner sagen: Nirgends in Italien isst man besser – und abwechslungsreicher – als in Sizilien. Während die Küche in Norditalien fleischbetont ist, können Feinschmecker in Sizilien erleben, was sich alles aus Gemüse zaubern lässt.

Auberginen *(melanzane)* und Artischocken *(carciofi)*, Kichererbsen *(ceci)* oder Kapern – hier erst zeigen diese Spezialitäten ihr ganzes Potenzial. Die arabische Küche mit ihren gedünsteten und gebratenen Spezialitäten ist bis heute präsent. Kaufen Sie in Palermo ein paar *arancini* (gefüllte Reisbällchen). Und greifen Sie bei den Antipasti zu! Nirgendwo sonst sind sie so köstlich wie hier.

MEERESFRÜCHTE VOR DER HAUSTÜR

Reich beschenkt ist Sizilien auch mit Zutaten aus dem Meer. Ein wahrer Sizilianer isst allerdings nur Fisch, wenn er sich – erstens – gerade an der Küste befindet und – zweitens – das Meer nicht zu unruhig ist (denn dann fahren die Fischer am Morgen nicht raus und der Fisch ist nicht frisch). Fisch vom Vortag? Unmöglich! Fisch im Landesinneren? Niemals!
Vom Tintenfisch bis zum Schwertfisch *(pesce spada)*, von der Scholle bis zum Thunfisch, ob Garnelen, Seeigel *(ricci di mare)*, Muscheln oder Langusten – an den Küsten sollte man sich vor der Bestellung im Restaurant zeigen lassen, was der Tagesfang eingebracht hat. Bei den Halbpensionsangeboten der Hotels bekommt man allerdings meist Tiefkühlkost vorgesetzt, denn nur so können gleich Hunderte Pauschalgäste gleichzeitig Schwertfisch essen.

TEIGWAREN AUF SIZILIANISCH

Die berühmtesten Süßspeisen Siziliens sind wohl *cannoli* (S. 30) und Mandelgebäck *(dolci di mandorla*, S. 38). Ein Geschäft für Süßes heißt in Italien *pasticceria*. Deren Auslagen lassen im Nu alle guten Ernährungsvorsätze vergessen. Und auch das Brot kann sich auf Sizilien sehen lassen. Je nach Inselregion gibt es immer wieder interessante Sorten zu entdecken.

Auf den Märkten wie hier in Palermo (S. 161) zeigt sich die ganze Vielfalt der sizilianischen Landwirtschaft.

GUTE TROPFEN VON DER INSEL

Eine enorme Entwicklung hat der Weinanbau auf Sizilien hinter sich. Die süßen, sehr alkoholreichen Weine, für die Sizilien früher bekannt war, sind heute in den großen *cantine* (Kellereien) eher trockeneren Tropfen mit einem Alkoholgehalt von 12 oder 13 % gewichen. Vor allem im Südwesten (Tour 2, S. 50) gibt es sehr interessante Weißweine zu entdecken. Unter den Rotweinen ist der Nero d'Avola heute auch in Deutschland beliebt. Etwas weniger bekannt ist der am Ätna wachsende Nerello. Zudem werden auch internationale Rebsorten angebaut. Settesoli, Planeta, Corvo, Donnafugata sind große, international bekannte Kellereien.
Die Engländer haben auf der Insel den Marsala erfunden und den Sizilianern hinterlassen. Es gibt ihn trocken oder süß. Die größte Kellerei (Florio, S. 44) ist weltberühmt.

Insel im Wandel der Zeit

Immer wieder gerät Sizilien zum Spielball der Mächtigen

Die normannischen Kirchen in Palermo, Monreale und Cefalù, die Tempel in Segesta, Selinunt und Agrigent, die barocken Prachtbauten in Noto und Ragusa, der Gutssitz des Admiral Nelson – all diese stummen Zeitzeugen reihen sich wie Perlen entlang der Touren in diesem Buch und erzählen von der wechselvollen Geschichte Siziliens.

VON DER URBEVÖLKERUNG ZU DEN GRIECHEN

Wer waren die Ur-Sizilianer? Mit dieser Frage werden sich die Forscher wohl noch länger beschäftigen. Funde aus der Altsteinzeit belegen, dass Sizilien schon früh besiedelt wurde. Erst mit den schriftlichen Quellen der Griechen tauchen jedoch erstmals die Namen der Elymer und der Sikuler auf. Die Griechen beginnen ab dem 8. Jahrhundert v. Chr. Apoikien, sogenannte Pflanzstädte, zu gründen, die erste in Naxos (bei Taormina). Schon bald repräsentierte Sizilien die Neue Welt der Antike. Der Griff des mächtigen Athen im 5. Jahrhundert v. Chr. nach Westen schlägt aber fehl und die Syrakuser lassen die athenischen Gefangenen in den Steinbrüchen der Insel schuften, die noch heute zu besichtigen sind (S. 45). Heute kann man auf Sizilien die am vollständigsten erhaltenen Tempel der Griechen überhaupt erleben.

Die Königskapelle im Normannenpalast von Palermo (S. 161)

NORMANNEN UND SPANIER

Karthager, Römer und Araber folgen den Griechen. Doch ihre Blütezeit erlebt die Insel erst, als normannische Söldner aus Süditalien im 12. Jahrhundert hier ein Königreich vom Papst zugesprochen bekommen. Spätere Gelehrte beschrieben diese Zeit als Hochzeit Palermos und Siziliens. Normannische Fürsten, arabische Gelehrte und byzantinische Künstler haben damals deutliche Spuren hinterlassen.

Die Tempelruinen von Selinunt (S. 45) liegen heute in einem blühenden Park.

Auf einem Goldgrundmosaik in der Martorana-Kirche in Palermo krönt Jesus selbst König Roger II. aus dem normannischen Adelsgeschlecht der Hauteville. Eine Tochter Rogers, Constantia, gebärt später einen berühmten Sohn: den Stauferkaiser Friedrich II. (der in Palermo begraben ist). Ende des 13. Jahrhunderts gerät Sizilien unter spanische Herrschaft und bleibt es im Wesentlichen bis zur Gründung des italienischen Staates 1861. Die Auswirkungen dieser Fremdherrschaft sind bis heute zu spüren. Auf Sizilien fand keine Renaissance statt, keine Entwicklung autonomer Stadtstaaten. Für die Spanier war Sizilien ein Besitz, den sie ausbeuten konnten.

BRITISCHE EINFLÜSSE UND STOLZ ITALIENS

Im Krieg gegen Napoleon wird die Insel auch für die Engländer interessant, Admiral Nelson residiert in Palermo (und hat eine Liebesaffäre mit Lady Hamilton). Die britische Besatzung der Insel dauert von 1806 bis 1815. Als Sizilien später Teil des Königreichs Italien wird, ist es wie ein Fremdkörper. Die piemontesischen Beamten verstehen vor Ort kein Wort. Die Ereignisse jener Zeit verarbeitet Giuseppe Tommasi di Lampedusa in seinem Roman »Der Leopard« *(Il Gattopardo)* eindrücklich. 1946, nach dem Zweiten Weltkrieg und der Landung der Alliierten, die von den Sizilianern unterstützt werden, erhält Sizilien einen Status als autonome Region. Steht man mit einem Sizilianer am Stretto von Messina, kann es auch heute passieren, dass er sagt: »Da, da drüben ist Italien.«

Agrigent

Sagra del Mandorlo
S. 58

Immer noch blühen die Mandelbäume und dies wird gefeiert, z. B. mit der Sagra del Mandorlo in Fiore in Agrigent. In der Valle dei Templi kann man Musik und Kulinarisches genießen.

Inselweit

Pasqua (Ostern)

Der April ist der Monat der Karwoche und des Osterfestes. In vielen Städten finden teilweise mehrtägige Prozessionen statt. Jeder Ort hat seine ganz eigene Tradition.

Inselweit

Festa della Liberazione

Am 25. April wird die Befreiung vom Faschismus gefeiert. Besonders geehrt wird das Andenken an die Partisanen (partigiani).

März

Die Temperaturen werden milder, aber es kann auch vermehrt regnen. Alles beginnt nun zu blühen und die Insel zeigt sich in sattem Grün.

Tagesdurchschnittstemp. 17 °C
Wassertemp. 15 °C

April

Das Wetter im April zeigt sich wechselhaft. An manchen Tagen ist es schon sommerlich warm, an anderen regnerisch.

Tagesdurchschnittstemp. 19 °C
Wassertemp. 15 °C

Syrakus

Theater
S. 90

Im großen Theater von Syrakus beginnt die Saison. Bei Sonnenuntergang können die Zuschauer den griechischen Tragödien oder den Scherzen des Aristophanes beiwohnen.

Taormina

Film Fest ***S. 95***

In Taormina beginnt ein bekanntes Filmspektakel – ein international besuchtes Filmfest im antiken Theater.

Ätna

Marathon ***S. 104***

Am 10. Juni können Sportliche den Marathon hinauf auf den Ätna in Angriff nehmen. Für Zuschauer steht ein Bus-Shuttle zur Verfügung, mit dem man bis ganz nach oben gelangt.

Mai

Nun wird es warm. Regentage sind recht selten. Auf den Feldern beginnt das Getreide zu reifen. Bäder in Sonne und Meer sind möglich.

Tagesdurchschnittstemp. 23 °C
Wassertemp. 17 °C

Juni

Der Juni ist mild, aber nicht zu heiß – ideal für Entdeckungstouren. Die Bustouristen vom Frühjahr sind weg und Sommergäste noch nicht da.

Tagesdurchschnittstemp. 28 °C
Wassertemp. 21 °C

Blütenpracht

Im März stehen die Mandelbäume auf der Insel in voller Blüte. Die Landschaft erstrahlt dann in einem Meer aus Weiß und Rosa, wie hier nahe Taormina (Tour 3, S. 100).

Palermo

Festa di Santa Rosalia

Jedes Jahr vom 10. bis zum 15. Juli wird in Palermo feierlich mit Volksfest und Prozession der heiligen Rosalia gedacht, der Schutzpatronin der Stadt.

Gibellina

Orestiadi

In dem 1968 von einem Erdbeben nahezu vollständig zerstörten und an neuer Stelle wieder errichteten Ort Gibellina finden alljährlich die sehenswerten Theaterfestspiele Orestiadi statt.

Inselweit

Märkte

In bekannten Touristenzentren und Badeorten wie Oliveri gibt es Märkte und Feste mit sizilianischen Produkten. Openair-Konzerte sorgen für Urlaubsatmosphäre.

Juli

Der Juli ist heiß und trocken. Auch die Italiener lieben Sizilien als Badeurlaubsort. Es ist Hochsaison.

Tagesdurchschnittstemp. 31 °C
Wassertemp. 24 °C

August

Es ist sehr heiß. Italien ist in Urlaubsstimmung. Niemand arbeitet auf der Insel (außer den Gastwirten).

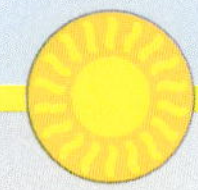

Tagesdurchschnittstemp. 31 °C
Wassertemp. 25 °C

Badesaison auf Sizilien

Im Juli und August ist touristische Hochsaison auf Sizilien. Dann lädt das Meer mit angenehmen Temperaturen zum Baden ein – so wie hier am Strand von Cefalù (Tour 5, S. 154).

Bronte

Sagra del Pistacchio

Bronte, gelegen vor den Hängen des Ätna, ist die Hauptstadt der Pistazien. Bei der Sagra del Pistacchio Ende September wird das grüne Gold Siziliens gefeiert.

Inselweit

Erntefeierlichkeiten

Weinfeste und Obstfeste gibt es nun an jeder Ecke in Sizilien. Egal, ob Pfirsiche, Honig, Wein oder Feigenkaktus – alles, was geerntet wird, bekommt auch ein Fest. Auch Oliven werden jetzt geerntet – und natürlich gebührend gefeiert.

September

Die große Hitze weicht dem Spätsommer. Doch immer noch klettert das Thermometer auf über 30° C, es regnet kaum. Das Land ist ausgedörrt.

Tagesdurchschnittstemp. 28 °C
Wassertemp. 24 °C

Oktober

Anfang Oktober lädt das Meer meist noch zum Bad ein. In der zweiten Monatshälfte wird es kühler und es gibt wieder mehr Regentage.

Tagesdurchschnittstemp. 23 °C
Wassertemp. 20 °C

Palermo

Festa dei Morti

Am 2. November wird in Palermo das Fest der Toten gefeiert, mit leckerem Mandel- und Marzipangebäck, das die Nonnen der Martorana einst für die ihnen anvertrauten Waisenkinder angefertigt haben.

Inselweit

Vorweihnachtszeit

Natale – Weihnachten – wirft seine Schatten voraus. Die Krippen (presepi) werden überall auf der Insel aufgestellt. Weihnachtsmärkte, Mercatini di Natale, verbreiten festliche Stimmung.

November

Der Regenmonat. Das Land saugt das Wasser durstig auf. Bäche und trockene Flussbetten können nun zu reißenden Strömen werden.

Tagesdurchschnittstemp. 19 °C
Wassertemp. 19 °C

Dezember

Auch auf Sizilien ist der Dezember eine festliche Zeit. Das Wetter ist kühl und regnerisch. In den Bergen kann Schnee fallen.

Tagesdurchschnittstemp. 15 °C
Wassertemp. 16 °C

Inselweit

Epifania

Am 6. Januar findet das Fest der Heiligen Drei Könige statt. Zahlreiche Feiern, lebendige Krippendarstellungen, aber auch Märkte sind rund um diesen Feiertag zu bewundern.

Inselweit

Carnevale

Im Februar wird in vielen Gemeinden der Insel Karneval gefeiert, mit originellen Bräuchen, Umzügen und Masken. Die Feste in Acireale, Valderice oder Capo d'Orlando sind besonders beliebt.

Januar

Es herrschen relativ milde Temperaturen, an den Küsten ca. 15° C und mehr. Die schneebedeckten Berge sind an klaren Tagen von weit her zu sehen.

Tagesdurchschnittstemp. 14 °C
Wassertemp. 22 °C

Februar

Auf Sizilien beginnt schon jetzt der Frühling. Immer noch kann es Regen geben, aber es warten auch herrliche Sonnentage auf Besucher.

Tagesdurchschnittstemp. 15 °C
Wassertemp. 14 °C

Bergwelt mit weißem Kleid

In den Wintermonaten kann es auf Sizilien empfindlich kühl werden. In Bergregionen wie den Monti Nebrodi (Tour 4, ab Seite 112) muss man sogar mit Schneefall rechnen.

Im Westen der Ursprünge

Vom Palermitaner Bergland zur Akropolis von Selinunt

Liegt Palermo noch in einer muschelförmigen Bucht, der Conca d'Oro (»Goldmuschel«), erhebt sich im Hinterland eine wenig bekannte, aber beeindruckende Landschaft mit Orten wie Piana degli Albanesi oder Partinico: eine schroffe und urtümliche Bergwelt mit vielen alten Geschichten. Nach Westen führt die Tour ins Gebiet der Elymer, der frühesten Bewohner der Insel, und ins Land des Salzes. Weiter Richtung Süden geht's in die Gegend des (Weiß-)Weins und des Getreides.

Seite 40
Naturprodukt der Sonne: Die Salinen südlich von Trapani werden noch heute zur Salzgewinnung genutzt.

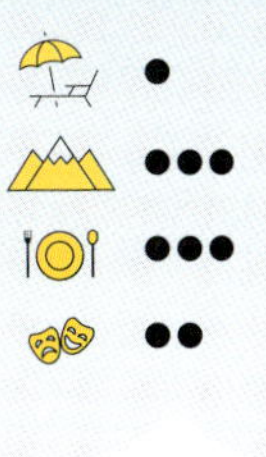

Die Tour auf einen Blick

ORTE ENTLANG DER ROUTE

1. Palermo – Monreale – Piana degli Albanesi – Partinico/Borgo Parrini – Castellammare del Golfo

2. Castellammare del Golfo – Terme Segestane – Tempio di Segesta – Erice – Trapani

3. Trapani – Saline/Nubia – Mozia – Marsala – Salemi – Gibellina Vecchia – Castelvetrano – Selinunt

KILOMETER
ETAPPE 1: 120 KM
ETAPPE 2: 71 KM
ETAPPE 3: 138 KM

Navigation und GPX-Download

REINE FAHRTZEIT
ETAPPE 1: 3 STUNDEN
ETAPPE 2: 2¼ STUNDEN
ETAPPE 3: 3½ STUNDEN

ETAPPE 1

Von Palermo nach Castellammare del Golfo

⟷ 120 km ca. 3 Std.  

Gleich zu Beginn kurz hinter **Palermo** führt diese Etappe ins bergige Palermitaner Hinterland, das Besucher mit seinen Kalkbergen, Hochebenen und kahlen Gipfeln empfängt. Schnell wird es hier ländlich und abgelegen, man ist gleich mittendrin im sizilianischen Alltagsleben.

Ausgangspunkt für die Fahrt aus Palermo heraus ist der Corso Calatafimi, der später zur SS 186 wird. Diese führt bequem und ohne Umwege Richtung Monreale. Interessanter ist allerdings die Strecke über **San Martino delle Scale**, die 20 Minuten länger dauert, aber mit Blicken in die Ferne und auf Palermo belohnt und an einer idyllischen Abtei aus dem 6. Jahrhundert vorbeiführt. Pinien- und Mischwälder, Palmen und Feigenkakteen, Gärten und einzelne Gehöfte wechseln sich entlang dem Viale Regione Siciliana ab. Das Lichterspiel zwischen Wolken und Sonne lässt die Berge um Palermo jede Minute anders erscheinen.

Forneria Messina

Hierher kommen die Palermitaner zum Essen: Pizza und regionale Küche aus dem Ofen. Der Familienbetrieb ist beliebt und Vorbestellung ratsam.
Viale Regione Siciliana, 100,
San Martino delle Scale

In **Monreale**, das bereits auf 300 m Höhe liegt, ist es Zeit für einen guten Kaffee, während auf der Piazza vor der Kathedrale die sizilianischen Karren auf Touristen warten und die Andenkenhändler ihre Stände aufbauen. **Tipp:** Hinter dem Kreuzgang, erreichbar über den Hof, befindet sich ein Garten mit Aussichtsterrasse und einem riesigen Magnolienbaum.

Der großartige ***Duomo di Monreale*** *der normannischen Könige beeindruckt mit seinen byzantinischen Goldgrundmosaiken. Prächtiger ist nur noch der angrenzende Kreuzgang.*

Weitere Details in der ADAC Trips App

Auf der Weiterfahrt erreichen Sie das wahre Hinterland von Palermo, lange ist es auch das Gebiet der Verstecke der Mafia gewesen, geprägt von Konflikten zwischen Bauern und Großgrundbesitzern. Über Altofonte erreichen Sie **Piana degli Albanesi** mit dem gleichnamigen See. Hier hat sich eine albanisch sprechende Bevölkerung angesiedelt, die im 15. Jahrhundert vor den Türken geflohen ist. Ihre kulturelle Eigenständigkeit hat sie sich bewahrt. Das zweisprachige Ortsschild zeugt davon.

Unterhalb des Ortes Piana degli Albanesi glitzert der See, der zur Stromerzeugung und als Wasserreservoir angelegt wurde.

ExtraBar
Allerfeinste Cannoli – ein Genuss!
Cortile Municipio, 1, 90037 Piana degli Albanesi

Heute ist Piana degli Albanesi ein landwirtschaftliches Zentrum. Berühmt ist der Ort aber für eine sizilianische Spezialität: *cannolo siciliano*. Dabei handelt es sich um eine Röhre aus Teig (daher *cannolo*, von *canna*, Rohr), die mit Ricotta gefüllt wird. Ein Genuss – vor allem wenn die Ricotta ganz frisch ist. In Sizilien sind die Cannoli ein beliebtes Mitbringsel. Fans von »Der Pate« von Regisseur Francis Ford Coppola kennen die Teigrollen: In Teil drei wird Don Altobello mit Cannoli vergiftet, die er in der Oper von Palermo verzehrt.
Über die SS 624 geht es nun weiter auf der SP 2 am Lago Poma vorbei nach **Partinico**. Das Dorf erstreckt sich auf einer höher gelegenen Ebene, die einen weiten Blick erlaubt. Wein und Getreide sind hier die wirtschaftlichen Grundlagen. Wassermanagement spielt in diesem Gebiet mit porösem Kalkboden eine entscheidende Rolle. Der Lago Poma (auch: Diga Jato) staut den Fluss Jato zur Wassergewinnung.

Borgo Parrini

FREI NACH GAUDÍ
Zur Gemeinde Partinico gehört auch der kleine Ort **Borgo Parrini**. Lange praktisch verlassen, ist er heute ein architektonisches Juwel: Inspiriert vom Baumeister Gaudí, haben Einwohner Häuser und Plätze mit Mosaiken und Malereien verziert – eines der kleinen sizilianischen Wunder, wie sie einem auf der Insel immer wieder begegnen. Über die SS 187 entlang der Küste erreicht die erste Etappe schließlich **Castellammare del Golfo**. Es lohnt sich, die Strada statale zu nehmen und nicht die Autobahn. Bei schönem Wetter bietet sich in Alcamo Marina oder direkt in Castellammare Gelegenheit zum Baden.

*Der Ort **Portella della Ginestra** zwischen Piana degli Albanesi und San Giuseppe Jato war am 1. Mai 1947 Schauplatz eines grausigen Attentats, bei dem elf Menschen ihr Leben ließen.*

Weitere Details in der ADAC Trips App

Bis heute wird an das Attentat bei Portella della Ginestra erinnert.

1. MAGGIO 1947
QUI CELEBRANDO
LA FESTA DEL LAVORO
E LA VITTORIA
DEL 20 APRILE
SU UOMINI DONNE BAMBINI
DI PIANA S. CIPIRRELLO
S. GIUSEPPE
SI ABBATTE IL PIOMBO
DELLA MAFIA E
DEGLI AGRARI
PER STRONCARE
LA LOTTA DEI CONTADINI
CONTRO IL FEUDO

UMSTEIGEPUNKT
CASTELLAMMARE DEL GOLFO

Sehenswertes
in der Umgebung

Castellammare ist nicht nur ein praktischer Umsteigepunkt direkt zur Tour 2, der Ort bietet sich auch als Basis für Tagestouren an. Da zugleich schöne Bademöglichkeiten bestehen, kann man hier durchaus einige Tage verweilen. Wer die Tour 1 in Castellammare verlassen und zu Tour 2 wechseln möchte, gelangt über die A 29/E 90 Richtung Castelvetrano in einer Stunde an die Südküste. Auf dem Weg kann man sogar noch in Segesta (S. 34–37) und in Gibellina Vecchia (S. 44) vorbeischauen. Ebenfalls über die E 90 gelangt man in einer Stunde nach Bagheria (S. 161) und somit an die Nordküste. Von dort könnten Sie Tour 5 folgen, allerdings in umgekehrter Reihenfolge als ab S. 136 beschrieben (das ist navigatorisch aber nicht schwierig).

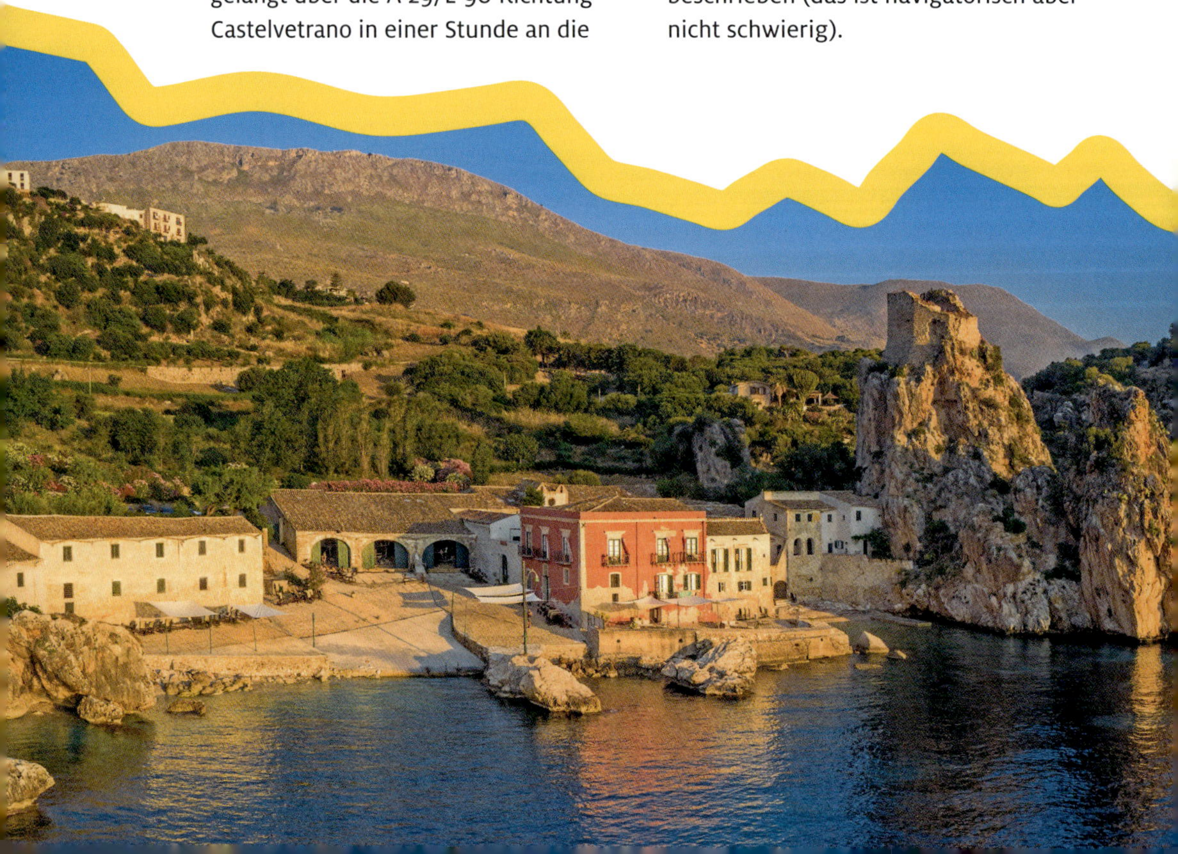

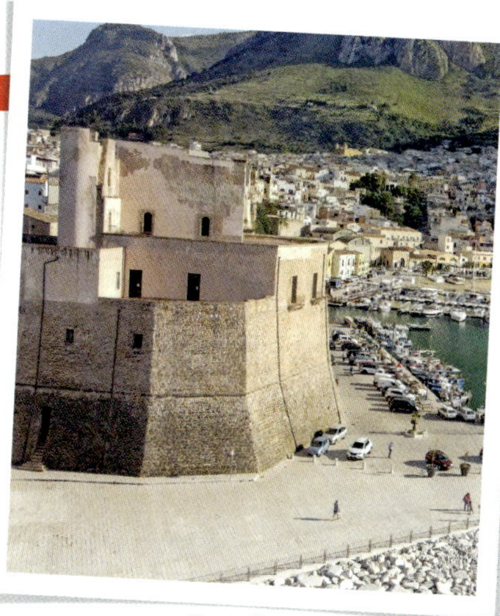

Castellammare del Golfo

Wenn Sie Castellammare als Standort für mehrere Tage wählen, lassen sich Marsala, die Salinen, Erice, Segesta und natürlich Palermo als Tagesausflüge gestalten, auch Selinunt ist möglich.

AUSFLUGSTIPP

Das Naturschutzgebiet **Riserva Naturale dello Zingaro** (Richtung Scopello, dann ausgeschildert) entstand, nachdem eine Bürgerinitiative den Bau einer Straße verhindert hat. Die SP 63 führt direkt zum Parkplatz. Im Norden der Halbinsel lockt mit San Vito lo Capo ein schöner Sandstrand.

Castellammare del Golfo
Trapani
Alcamo
Marsala
Castelvetrano
Mazara del Vallo
Selinunt

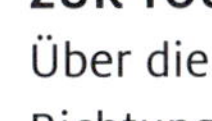

ZUR TOUR 2

Über die A 29/E 90 Richtung Castelvetrano gelangt man in einer Stunde an die Südküste.

Die Bucht von Scopello

ETAPPE 2

Von Castellammare del Golfo nach Trapani

⟷ 71 km ca. 2 ¼ Std.   

Auf dieser Etappe lernen Sie den äußersten Westen der Insel kennen. Er ist vom Meer geprägt, aber auch von einer harmonischen Hügellandschaft, die intensiv für den Ackerbau genutzt wird. Von **Castellammare del Golfo** führt eine kleine Straße, die SP 2, nach Segesta. Dabei kommen Sie an den hiesigen Thermen vorbei, den **Terme Segestane** (Baden in 37–39 °C heißem Schwefelwasser, das den Kreislauf tüchtig auf Trab bringt), und gelangen dann zum berühmtesten Tempel Siziliens, dem Tempel von Segesta. Seine Lage hat ihn ebenso bekannt gemacht wie seine architektonischen Details. Hier anzuhalten, einen kleinen Spaziergang zu machen und zum Theater auf den Monte Barbaro hinaufzusteigen, ist ein Erlebnis für alle Sinne. Die Luft ist mit dem Duft der Kräuter und Gräser erfüllt. Der wilde Fenchel fand schon bei Goethe im Jahr 1787 Erwähnung, und er gedeiht hier bis heute; im Frühjahr ist der Tempel von immer neuer Blütenpracht umgeben. Immer wieder erlaubt das Gelände herrliche Ausblicke. Gestärkt von den Natureindrücken geht die Reise weiter: Folgen Sie der Straße nach **Bruca** (Schild vor dem Eingang zum Tempel) und bleiben Sie dann auf der SP 57 (Richtung Buseto Palizzolo).

Terme Segestane

Neben der Badeanstalt gibt es auch wilde Thermen nahe am Fluss, der unmittelbar an den Thermen vorbeiführt. Contrada Ponte Bagni 1, 91014 Castellammare del Golfo (an der SP 2).

UNTERWEGS NACH WESTEN

Die leicht hügelige Gegend ist von Wein- und Gemüseanbau geprägt. Die Gebäude hier sind oft funktionale Zweckbauten, die in der Landschaft verstreut liegen. Hier und da sind alte, verlassene Wirtschaftshäuser aus feudalen Zeiten zu sehen. Doch sie fristen heute meist ungenutzt ein Dasein als Ruinen. Im weiteren Verlauf der Strecke beherrschen große Getreideflächen das Bild, die in Zeiten des Barock den aufwendigen Lebensstil der Adeligen finanzierten und für eine fast vollständige Entwaldung Siziliens sorgten. Die Wälder, die man heute sieht, sind meist das Ergebnis von Aufforstung, die der Erosion entgegenwirken soll. Kurvig, aber wunderschön geht es auf dieser Straße nach **Buseto Palizzolo**. Dort können Sie der SP 52 folgen oder auf der SP 22 zurück auf die SS 187 gelangen (Richtung Erice).

Vom Theater von Segesta auf dem Monte Barbaro schweift der Blick über die Landschaft mit Wein- und Getreideanbau.

*Der Tempel von **Segesta** ist der berühmteste Tempel Siziliens. Seit der Antike stehen die Säulen unverändert da und auch Goethe hat sie 1787 schon bewundert. Die Elymer errichteten ihn einst. Fertig wurde er jedoch nie.*

Weitere Details in der ADAC Trips App

Castello di Venere in Erice: Das normannische Kastell thront auf einem Felsgrat über der Stadt auf den Überresten eines Venustempels.

In Richtung Trapani wird die Insellandschaft flacher und weiter. Schon auf der Fahrt nach Buseto konnten Sie die weite Ebene überblicken, die sich hier auftut. Mittendrin ragt jedoch ein Felsmassiv von 750 m Höhe auf – als habe es jemand künstlich dort hingesetzt. Darauf befindet sich das nächste Ziel: **Erice**. Benannt wurde der Ort einst nach einem altgriechischen Heros. Heute wartet hier ein urtümliches mittelalterliches Felsennest auf Besucher – das manche Überraschung bereithält. Die wenigsten würden wohl in einem solchen Ort ein international bekanntes Zentrum für wissenschaftliche Tagungen vermuten. Benannt nach Ettore Majorana, einem Physiker, der unter geheimnisvollen Umständen verschwand, zieht es schlaue Köpfe aus aller Welt an. Stellen Sie den Wagen am Rand der Ortschaft ab und schlendern Sie einfach durch die Gassen. Selbst an einem ansonsten sonnigen Tag kann es passieren, dass Sie in Erice im Nebel stehen, denn am Berg bleiben oft die Wolken hängen. Bei gutem Wetter indes reicht der Blick weit, mitunter bis zum Ätna ganz im Osten.

Treten Sie ruhig ein, wenn Sie eine Pasticceria sehen, denn in Erice gibt es etwas, das mindestens genauso zu Sizilien gehört wie der Ätna: das Mandel-Marzipan-Gebäck *dolci di mandorla*. Vor allem die weichen Kreationen mit Puderzucker zergehen frisch auf der Zunge und gehören zu den erlesenen *delizie siciliane*.

Die Etappe endet in **Trapani**, der sonnendurchglühten Stadt am Meer, die

schon so etwas wie eine Vorahnung von Tunesien vermittelt – nirgends auf Sizilien ist man Afrika näher. Noch mehr afrikanische Luft schnuppern kann man nur auf der Insel Pantelleria, die von Trapani aus regelmäßig angefahren wird. Wenn es noch nicht zu spät ist und Sie noch Energie haben, lohnt sich ein kurzer Umweg zu einem der schönen Sandstrände nördlich von Trapani. Deutlich ist der ins Meer ragende Monte Cofano von überall zu sehen. Die Küste hat bis hier zahlreiche Strände mit feinem Sand zu bieten.
Am Hafen, zwischen Fischmarkt und Leuchtturm, kann man genüsslich die *quattro passi* absolvieren. (So heißt in Italien der spätnachmittägliche Spaziergang, für den man sich noch einmal gut anzieht, um sich blicken zu lassen). Anschließend steht die *cena*, das Abendessen, auf dem Programm. Zu Ostern ist Trapani gut besucht, denn dann findet hier eine der spektakulärsten Prozessionen statt: die *processione dei misteri*, die sich über 20 Stunden bis in den Karsamstag hineinzieht.

La Tonnara di Bonagia Resort
Stilvolles Vier-Sterne-Hotel in einer alten, sehr gut erhaltenen *tonnara* direkt am Meer, 9 km außerhalb von Trapani. Largo Tonnara, 1, 91019 Valderice, www.latonnaradibonagia.com

Trapani ist der Ausgangspunkt für die Isole Egadi, Marettimo, Levanzo und Favignana.

ETAPPE 3

Von Trapani nach Selinunt

↔ 138 km ca. 3½ Std.  

Südlich von Trapani erstrecken sich die großen Salinen. Soweit das Auge reicht, sind unterschiedlich tiefe Becken zu sehen, in denen das Meerwasser schrittweise verdunstet und das reine Meersalz zurücklässt. Dieses wird aufgeschichtet und mit Ziegeln bedeckt, um es vor Schmutz und gelegentlichem Regen zu schützen. Zwei Salzernten im Jahr sind möglich. Die Salinen stehen heute unter Naturschutz, werden aber immer noch betrieben.

DAS LAND DES SALZES

Sie verlassen **Trapani** über die SP 21. Von dieser führt Sie eine Abzweigung mit der Ausschilderung »Saline Culcasi« mitten in die **Salinen** (Richtung Saline di Nubia oder Nubia) und Sie gelangen nach ca. 15 Minuten zu einem Kalksteingebäude mit einem Windmühlenturm. In diesem traditionellen Gebäude ist schon seit Längerem ein Salzmuseum (Museo del Sale, www.museodelsale.it) untergebracht, das das frühere Leben in den Salinen dokumentiert. Sonnen- und salzverbrannt waren die Körper der Arbeiter, die hier das Salz aufschichteten und abtransportierten – eine harte Arbeit, die heute immer noch erledigt werden muss, allerdings mit Unterstützung von Maschinen. Das Resultat ist das gleiche geblieben: reines Meersalz.

Die Familie Culcasi, die hier eine Trattoria unterhält, war früher selbst in den Salinen tätig. Doch irgendwann kam die Familie auf die Idee, einen landestypischen Mittagstisch anzubieten: Tomaten, Käse, Oliven und einen lokalen alkoholreichen Rosé-Wein, wie man ihn früher gerne in Sizilien trank. Bald wurde die Mühle bekannt und die Erfolgsgeschichte nahm ihren Lauf: ein herrlicher Ort zum Genießen.

Trattoria del Sale, Salvatore Culcasi

Antipasti, frische Salate, *cuscus* und Meeresküche gleich neben den Salzbecken.
Via Chiusa Nubia 91027 Paceco, Trapani
www.trattoriadelsale.com

Der Jüngling von Mozia

Lo Stagnone, *wörtlich das stehende Gewässer, ist eine Art Lagune, die durch die Isola grande gebildet wird. Darin befindet sich Mozia. Von den gemauerten Salinenstegen, die die Kanäle für die Wasserbecken bilden, fahren die Boote zur Insel ab.*

Zurück auf der SP 21 geht die Fahrt weiter Richtung Marsala. Auf halber Strecke führt ein Abzweig zum Stagnone von Marsala (Ausschilderung). Auch in dieser Lagune befinden sich Salinen. Und vor der Küste liegt die Insel Isola di San Pantaleo, auf der sich einst die phönizische Siedlung **Mozia** (Motye) befand. Die dortigen Funde belegen die Besiedlung der Insel durch das antike Seefahrervolk noch vor den Griechen. Heute kann man zur Insel mit einem Boot übersetzen und die Ausgrabungen sowie ein kleines Museum besuchen, das die berühmte Statue eines Jünglings beherbergt. Die feine Gestaltung des Gewandes der Figur beweist höchste Steinmetzkunst. Die Lagune selbst ist ein Ort zum Verweilen, an dem man Sonne tanken und die Vögel beobachten kann. Die SP 21 bringt Sie schließlich nach **Marsala**. Immer dichter ist die Küste nun bebaut. Es ist deutlich zu sehen, dass Wirtschaft und Handel hier ihre Spuren hinterlassen haben. In Marsala selbst warten eine Altstadt und Ausgrabungen aus der griechischen Antike. Doch das Wichtigste hier sind die zahlreichen Kellereien *(cantine)* in der Stadt, die das anbieten, was gemeinhin mit dem Wort »Marsala« verbunden wird – nämlich den süßen Wein, der als Dessertwein oder auch als Aperitif genossen wird. Nicht alle Marsala-Weine sind übrigens süß; trocken ausgebaute Sorten erinnern geschmacklich eher an guten

***Marsala**, der »Hafen Allahs«, bestand bereits in der Antike. Der Marsalawein ist eine Erfindung der Engländer, die während der Auseinandersetzung mit Napoleon ihren geliebten Portwein ersetzen wollten.*

Weitere Details in der ADAC Trips App

45
188

Mit dem Kunstwerk »Ingresso al Belice« des Künstlers Pietro Consagra begrüßt Gibellina Nuova seine Besucher.

Cantine Florio

Eine der größten Kellereien von Marsala. Verkostung und Verkauf finden in der Enoteca täglich statt. Via Vincenzo Florio, 1, 91025 Marsala

Sherry. Am Nachmittag führt unsere Route weiter auf die SS 188 Richtung **Salemi** und weg von der Küste hinein in eine immer hügeliger werdende Landschaft, die stark vom Weinanbau geprägt ist, aber auch von Olivenplantagen und Ackerbau. In Salemi bleiben Sie zunächst auf der SS 188, um auf die SS 119 zu gelangen, die nach Gibellina Vecchia führt.

Sizilien ist Erdbebengebiet, das war es immer schon. Und einige Beben waren so heftig, dass ihre Spuren heute noch zu sehen sind. Nach einem Beben 1693 führten die immensen Zerstörungen zu einem weitgehenden Neubau der Städte im Stil des Barock; 1908 wurde Messina fast vollständig zerstört. Hier in Gibellina bebte die Erde 1968 und zerstörte den alten bäuerlichen, im Tal des Flusses Bélice gelegenen Ort vollständig. In der Folge verzichtete man darauf, Gibellina wieder an Ort und Stelle aufzubauen. **Gibellina Nuova** entstand an einem neuen Ort, mit Unterstützung zahlreicher Künstler, deren Werke bis heute in der wiederaufgebauten Ort-

Das alte Gibellina wurde nach dem Erdbeben von 1968 nicht wieder aufgebaut, sondern als Gedenkstätte gestaltet.

Kunstwerke auf dem Bürgerplatz von Gibellina erinnern an die Erdbebenkatastrophe im Jahr 1968: »Omaggio a Tommaso Campanella« von Mimmo Rotella.

schaft nahe Salemi zu sehen sind. Auf manchen öffentlichen Plätzen fühlt man sich in ein De-Chirico-Gemälde versetzt. Die alten Ruinen wurden übrigens mit Beton übergossen und dienen heute als Gedenkstätte. Die Ruderi di Gibellina (Ruinen von Gibelina) oder **Gibellina Vecchia** stellen heute einen eigentümlichen Ort inmitten von Getreidefeldern dar. Dennoch ist er nicht gänzlich verlassen: Einmal im Jahr finden hier Theaterfestspiele statt, die Orestiadi di Gibellina (www.fondazioneorestiadi.it). Später am Nachmittag wird der Südwesten der Insel, das Bélice-Tal, die Weinberge und Felder in goldenes Licht getaucht, die Farben der Landschaft werden immer intensiver. Die Tour führt Sie nun über **Castelvetrano** nach **Marinella di Selinunte**. Hier erwarten Sie nicht nur lange Sandstrände, sondern auch die imposanten Ruinen der antiken Stadt **Selinunt**, benannt nach dem wilden Fenchel, der auch heute noch im Westen Siziliens überall zu sehen ist. Exzellente Meeresküche erwartet Sie im Lido Azzuro Baffo's in Castelvetrano (Via Marco Polo, 49).

Tipp: Bei Campobello befinden sich die **Cave di Cusa** – die einstigen Steinbrüche von Selinunt. Auch hier haben die antiken Baumeister alles stehen und liegen lassen, vielleicht wegen der karthagischen Eroberungen. Die halb fertigen Säulentrommeln sind noch an Ort und Stelle zu sehen.

*Nach dem für die Region typischen wilden Fenchel haben die alten Griechen ihre Stadt benannt – **Selinunt** gehörte zu den mächtigen Stadtstaaten Siziliens. Der Strand erlaubte das Anlanden von Schiffen, die Stadt selbst thronte auf einem erhöhten Platz über dem Meer.*

Weitere Details in der ADAC Trips App

TOUR 2

Fahrt in die Vergangenheit

Durch sarazenische Bergnester und griechische Prachtstädte zu feudalen Schätzen

Die einstigen arabischen Besatzer sind noch immer präsent. Auch in den Ortsnamen haben sie ihre Spuren hinterlassen: Das Wort »Calta« geht auf den arabischen Begriff für »Burg« zurück. Schnell ist man von Meereshöhe auf 1000 m Höhe angekommen – als Fahrer sollte man Berge und Kurven nicht scheuen – und blickt von einem der vielen Adlernester aufs Land. Mit Agrigent und der Villa Romana del Casale liegen zwei weltberühmte Schönheiten auf dem Weg. Zum Ende führt die Tour ins feudale Sizilien der Adeligen und des Klerus.

Seite 68

Städte im Landesinneren wie Caltagirone liegen auf Bergkuppen – dort, wo schon die Araber ihre Burgen bauten.

Die Tour auf einen Blick

ORTE ENTLANG DER ROUTE

1. Selinunt – Sciacca – Caltabellotta – Sambuca di Sicilia – Prizzi – Agrigent

2. Agrigent – Porto Empedocle – Caltanissetta – Piazza Armerina

3. Piazza Armerina – Caltagirone – Palazzolo Acreide – Noto

KILOMETER
ETAPPE 1: 243 KM
ETAPPE 2: 125 KM
ETAPPE 3: 137 KM

Navigation und GPX-Download

REINE FAHRTZEIT
ETAPPE 1: 6 ½ STUNDEN
ETAPPE 2: 2 ½ STUNDEN
ETAPPE 3: 3 STUNDEN

ETAPPE 1

Von Selinunt nach Agrigent

↔ 243 km ca. 6½ Std. 

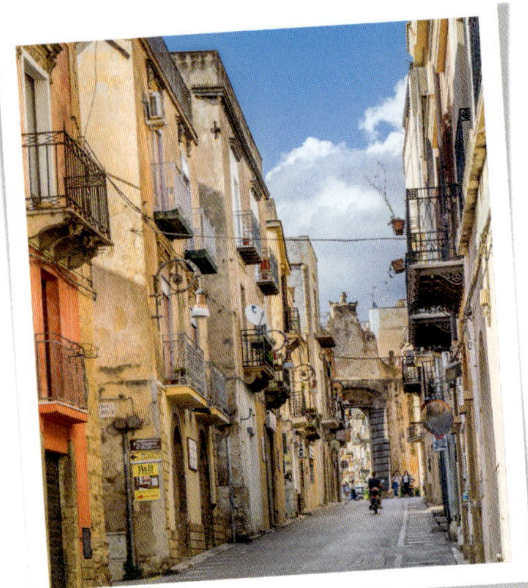

Sciacca

Bis Sciacca bleibt Ihnen am Beginn dieser wechselhaften Route der Blick auf die Weinberge erhalten, die über dem tiefblauen Meer thronen. Von **Selinunt** aus geht es zunächst auf die SS 115 zurück, die am Ort **Menfi** vorbeiführt. Hier ist die Kellerei Cantine Settesoli zuhause, die auch in Deutschland bekannt ist und auf ca. 6000 Hektar ihre Weine mit dem Emblem der sizilianischen Sonne anbaut. Etwas über dem Meer angelegt und auf sehr kalkhaltigen Böden wachsen sowohl internationale als auch viele lokale autochthone Rebsorten. Die Mischung

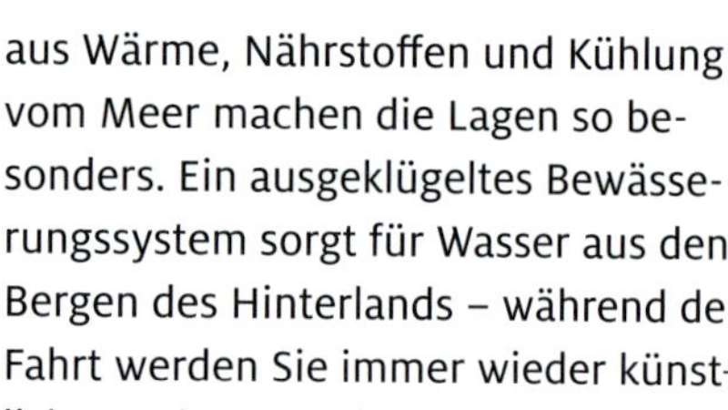

aus Wärme, Nährstoffen und Kühlung vom Meer machen die Lagen so besonders. Ein ausgeklügeltes Bewässerungssystem sorgt für Wasser aus den Bergen des Hinterlands – während der Fahrt werden Sie immer wieder künstlich angelegte Seen bemerken. Wenn sich die Gelegenheit bietet, sollten Sie unbedingt einen Grillo, Inzolia oder Grecanico verkosten.

Sciacca verzaubert mit dem warmen honigfarbenen Sandstein seiner Häuser und Gassen; immer wieder ist dazwischen das Meer zu sehen. Hier bleibt ein wenig Zeit zum Verweilen und für einen zweiten Kaffee, z. B. auf der großen Piazza mit Meerblick, bevor es in die Berge geht. Da der Massentourismus hier nie eine Chance hatte, bietet sich die Gegend auch als Basis für einen erholsamen Urlaub mit vielen interessanten Zielen an. Baden, Kuren und gutes Essen sind hier garantiert.

***Sciacca** – eine Hafenstadt, die ihre Ursprünglichkeit bewahrt hat. Die heißen Öfen am nahen Monte San Calogero dienen seit der Antike als Dampfbäder. Am Meer findet sich ein Thermalschwimmbad.*

Weitere Details in der ADAC Trips App

Die Weinberge bei Menfi bringen hervorragende Weißweine hervor.

Von Sciacca führt die SP 37 nach **Caltabellotta**. Nun sind immer mehr Olivenhaine, Getreide- und Gemüsefelder (u. a. Artischocken) zu sehen. Ölmühlen bieten entlang des Weges Olivenöl an – aus dieser Gegend kommt ein sehr hochwertiges Öl. Immer weiter geht es bergauf, denn Caltabellotta (arabisch: »Burg der Eichen«) liegt auf 950 m Höhe. Vom Castello bietet sich ein Rundumblick, der bis weit ins Landesinnere und im Süden bis zum Meer reicht. Der Ort selbst schmiegt sich an eine markante Felsnase. Blickt man von hier auf die Täler hinab, sind die landwirtschaftlichen Flächen gut zu sehen, die hier und da von Felsspitzen begrenzt werden.

BERG- UND TALFAHRT

Die SP 37 (vorsichtig fahren!) und dann die SS 188 geleiten Sie weiter nach **Sambuca di Sicilia**. Der Ort liegt nicht mehr ganz so hoch und am nahen Lago Arancio finden sich auch Weinreben. Der See ist wichtig für die Bewässerung der Landwirtschaft in der Region. Sambuca ist eine kleine Berühmtheit, denn der Bürgermeister bekämpfte die Entvölkerung seines Ortes, indem er Häuser für den Preis von 1 € verkaufte – mit Erfolg! Heute macht das Dorf einen einladenden Eindruck. In der Altstadt kann man noch etwas von der einstigen arabischen Siedlung erahnen: In den Vicoli Saraceni gibt es Straßenschilder und Wandmalereien, die mit der arabischen Vergangenheit spielen.

Torre Tabia

In einem historischen Landgut befindet sich diese stilvolle Unterkunft mit jedem Komfort und in unmittelbarer Nähe zum Strand. Contrada San Marco, Ragana, 92019 Sciacca. www.agriturismotorretabia.it

Wer von Sambuca di Sicilia noch 15 Minuten auf der SP 70 und dann auf der SP 44 weiterfährt, gelangt nach **Santa Margherita di Belice**. *Hier steht der Sommerpalast der Adelsfamilie Lampedusa, in dem der Schriftsteller Giuseppe Tomasi di Lampedusa (»Der Leopard«) seine Kindheit verbrachte. Heute nennt sich die Stadt »la città del Gattopardo« und es gibt ein kleines Museum zum Roman und zum Film.*

Weitere Details in der ADAC Trips App

INS ADLERNEST

Nach dem Aufenthalt in Sambuca und vielleicht einer kleinen Runde am See führt Sie die SS 188 weiter ins Landesinnere. Sie entwickelt sich zu einer echten Bergstraße, denn das nächste Ziel liegt auf über 1000 m Höhe. Der Ort **Prizzi** lässt noch gut eine alte mittelalterliche normannische Siedlung erkennen, geht aber ursprünglich auf eine byzantinische Festung zurück, die die Aufgabe hatte, die Garnisonen mit Feuersignalen vor Angreifern zu warnen – daher der Name (griechisch *pyr:* Feuer). Auch hier schmiegen sich die Häuser an den Hang und im Winter sind sie nicht selten schneebedeckt. Auf dem höchsten Punkt wartet ein Gipfelkreuz und eine Aussichtsplattform. Von hier aus blickt man über zahlreiche Bergketten – und über unendlich viele Getreidefelder. Nicht umsonst galt Sizilien als Kornkammer der Römer. Vielleicht stammt der Ortsname ja doch von dem griechischen Wort für Weizen (*pyros*)?

Tipp: Wer es eiliger hat, kann auch auf der SS 189 nach Agrigent gelangen und etwas Zeit und Aufwand sparen.

Das Bergnest Prizzi auf knapp 1000 m Höhe zählt zu den ältesten Siedlungen der Insel.

ZURÜCK ANS MEER

Die SS 118 geleitet Sie durch viele Kurven bis nach Agrigent, dem Ziel dieser ersten Etappe. Es lohnt sich, auf dieser Straße zu bleiben, auch wenn sie fahrerisch etwas anspruchsvoll ist. Genießen Sie unterwegs die immer wieder neuen Aussichten auf Berge und Felder, die kleinen Orte wie S. Stefano oder Alessandria della Rocca. Es sind die Berge, die das Land mit Wasser in kleinen Flüssen und künstlich angelegten Seen versorgen und somit Landwirtschaft ermöglichen. Achten Sie unterwegs auf die Wolken am Berg. Das Gefälle von über 1000 m bis zur Küste sorgt im Laufe des Nachmittags oft für Wolkenbildung, die selbst im Sommer für ausreichend Wasser sorgt. Die Küstengebiete im Süden sind dagegen häufig selbst im Winter sonnig.

Wer Zeit und noch (Fahr-)Energie hat, kann hinter dem Ort Cianciana nach

Die archäologische Stätte von Eraclea Minoa liegt auf einem exponierten Plateau über dem Meer mit spektakulärem Weitblick.

Cattólica Eraclea abbiegen (SP 31, ausgeschildert) und bis zur Küste nach Eraclea Minoa fahren. Die SP 31 ist teilweise abgesackt und verlangt langsames Fahren – was aber nicht weiter stört, denn so können Sie die typische sizilianische Landschaft in der Umgebung genießen. Nur noch erahnen kann man die Latifundien (Großgrundbesitztümer) von einst, als die Feudalherren ganze Dörfer als ihren Privatbesitz ansahen. Heute säumen Olivenbaumplantagen, Weiden und landwirtschaftliche Flächen den Weg. Immer wieder sind auch die Spuren der Erosion zu sehen, die durch die intensive Landwirtschaft der Barockzeit befeuert wurde.

Hoch über dem Meer thront **Eraclea Minoa**. Die Ausgrabungen sind spärlich, aber unglaublich ist die Lage der archäologischen Stätte. Im Mündungsbereich des Flusses Platani und unterhalb des Capo Bianco erstreckt sich heute ein herrlicher Strand. Das Kap aus Kalksedimenten erstrahlt tatsächlich schneeweiß in der Sonne.

Weiter führt die SS 115 etwas oberhalb der Küste entlang und an **Siculiana** vorbei. Der Ort, der auf eine arabische Festung zurückgeht, wartet heute mit einer prächtigen Mittelalterburg auf

*Ihren Sinn für exponierte Orte mit Aussicht ließen die Griechen auch in **Eraclea Minoa** spielen und bauten ihr Theater am schönsten Platz der Siedlung.*

Weitere Details in der ADAC Trips App

(die sich ganz auf die Ausrichtung sizilianischer Hochzeiten spezialisiert hat) sowie mit einem sehr guten Sandstrand und einigen Ferienwohnungen in Siculiana Marina.

Auch nahe **Porto Empedocle**, dem Hafen von Agrigent, finden sich malerische Kalkküsten wie am Capo Bianco. Berühmt ist die sogenannte Türkentreppe: die Scala dei Turchi. Die Kalksedimentschichten sind hier derart erodiert, dass sie an eine Treppe erinnern – bestens geeignet für die eroberungswilligen Türken im 15. und 16. Jahrhundert. Heute befindet sich hier ein Badestrand, der zu Recht äußerst beliebt ist. Beide Ziele sind bequem über die SS 115 erreichbar, die von Capo Bianco nach Agrigent führt. Wo kein Strand ist, verläuft an diesem Küstenabschnitt ein Wanderweg oberhalb der Steilklippen – mit grandiosem Blick aufs Meer.

Spiaggia di Capo Bianco

Der Strand ist an der SS 115 ausgeschildert. Zufahrt am besten von der SS 115 Richtung Foce del Platani.

Weiße Kalksteinfelsen und das azurblaue Meer: Das sind die Zutaten der Küste zwischen Sciacca und Agrigent, die mit sehr guten Stränden lockt.

Nirgendwo kann man einen so guten Eindruck von den griechischen Tempeln bekommen wie im Tal der Tempel von Agrigent. Im Sommer werden sie nachts angestrahlt – Gelegenheit zu einem magischen Spaziergang bei Sonnenuntergang.

ETAPPE 2

Von Agrigent nach Piazza Armerina

125 km ca. 2½ Std.  

Mit Agrigent und der Villa Romana bei Piazza Armerina finden sich zwei herausragende Überreste aus der griechischen und römischen Antike entlang der Route, die Sie nicht verpassen sollten, auch wenn Archäologie nicht zu Ihren Hauptinteressen zählt. Deshalb ist diese Etappe auch etwas kürzer gestaltet, was die reine Fahrtzeit betrifft. Die Tempel in **Agrigent**, vor allem der Concordia-Tempel mit dem uralten Olivenbaum davor vermitteln einen einmalig guten Eindruck von der einzigartigen Architektur und von der Fähigkeit ihrer Erbauer, eine perfekte Harmonie zwischen ihren Bauten und der Umgebung zu erreichen. Perspektive, Dramatik, Ausblick auf die Küstenlandschaft – hier stimmt einfach alles. Und so gut wie der **Concordia-Tempel** ist kein anderer Tempel aus dieser Zeit erhalten – nicht einmal der Parthenon in Athen. Die Mosaiken der römischen Villa, erbaut etwa 800 Jahre nach dem Tempel, zeugen vom Leben der reichen römischen Oberschicht. Stolz ließ der Besitzer darstellen, wie er in Nordafrika wilde Tiere für die Arena in Rom jagen und verschiffen ließ – das Zeichen für Prestige und Macht schlechthin in seiner Zeit.

Ristorante Kokalos

»La vera cucina siciliana« – die wahre sizilianische Küche: Das wird hier versprochen und gehalten.
Via Alfredo Capitano, 3, 92100 Agrigento, ristorante-kokalos.net

ORT DER LITERATUR

Die Küste von Agrigent sollten Sie nicht verlassen, ohne einen Abstecher nach **Porto Empedocle** gemacht zu haben. Der moderne Hafen von Agrigent ist nicht schön – aber er ist so etwas wie eine literarische Berühmtheit. Denn er diente als Vorbild für den fiktiven Ort »Vigata«, in dem Commissario Montalbano aus den Krimis von Andrea Camilleri lebt. Der berühmte Leuchtturm auf der Mole, wo der Commissario seine Spaziergänge macht, wenn er zu gut in Enzos Trattoria gegessen hat, wurde sogar ganz offiziell nach ihm benannt: Faro Montalbano.

Und Porto Empedocle hat noch mehr Literarisches zu bieten. Wenig weiter nordöstlich findet sich das Geburtshaus des Dramatikers und Erzählers Luigi Pirandello. Auch sein Grab befindet sich hier. Mit Stücken wie »Sieben Figuren auf der Suche nach einem Autor« oder dem Roman »Es war Mattia Pascal« erlangte er auch in Deutschland Bekanntheit. Seine kürzeren Erzählungen

Der Concordia-Tempel von Agrigent ist einer der besterhaltenen griechischen Tempel.

beleuchten das Alltagsleben der Sizilianer. Um zum Geburtshaus zu gelangen, folgt man der SS 115. Vor Monserrato ist die **Casa Pirandello** (www.casamuseopirandello.it) ausgeschildert. Innerhalb des Hauses mit Garten glauben sich Besucher in eine andere Welt versetzt, in eine Zeit, in der das Haus einsam über dem Meer thronte. Durch den Garten gelangt man zu dem Grab des Autors. Das Gebäude ist ein gutes Beispiel für ein ländliches sizilianisches Haus aus dem 18. Jahrhundert.

KORNKAMMER SIZILIEN

Nach einem letzten Blick aufs Meer geht es erneut ins Landesinnere und in bergiges Gebiet, bis nach **Caltanissetta**. Dorthin führt die SS 640. Schon Goethe bemerkte auf seiner Italienischen Reise, dass man eigentlich erst hier erfahre, warum Sizilien als

Akragas – so hieß ***Agrigent*** *bei den Griechen – bedeutet so viel wie Felsenburg. Die Stadt entwickelte sich bald zu einem der reichsten und mächtigsten Stadtstaaten auf Sizilien. Die archäologischen Stätten und das berühmte* ***Tal der Tempel*** *liegen südlich des heutigen Stadtkerns von Agrigent.*

Weitere Details in der ADAC Trips App

Kornkammer galt. Ja, er beklagte sich sogar über die Monotonie der Getreidefelder. Diese war im 18. Jahrhundert, der Blütezeit des Feudalzeitalters, sicher noch deutlicher ausgeprägt als heute. Heute finden sich neben dem Getreideanbau Gemüsegärten, Olivenplantagen, Orangen und zwischendrin immer wieder Weinreben. Doch vieles ist bis weit ins 20. Jahrhundert geblieben wie zu Goethes Zeiten und die Folgen der feudalen Ordnung sind bis heute in Sizilien spürbar. Die Ortschaften sitzen einsam auf Felsspitzen und die Wege zu den landwirtschaftlichen Flächen sind weit. Deshalb übernachteten die Bauern während der Woche einst in kleinen Hütten und kamen nur am Wochenende mit ihren Familien zusammen. Erst das Auto und das heute gut ausgebaute Straßennetz änderten diese Lebensweise. Die Grundherren bauten sich derweil fürstliche Palazzi in den Städten, die man bis heute dort bewundern kann. Der prächtige Palazzo Moncada in Caltanissetta ist nur ein Beispiel von vielen.

In **Caltanissetta** finden verschiedene Märkte statt – der eindrucksvollste ist der täglich vormittags stattfindende Mercato Storico Strata 'a Foglia. Hier können Besucher das Land mit allen Sinnen erfahren. Der Samstagsmarkt ist der größte und bietet alle möglichen Waren – längst nicht nur Lebensmittel. Auch Goethe berichtete schon vom Markttreiben, nachdem er 1787 Caltanissetta besucht hatte. Er erzählt von den angesehenen Persönlichkeiten der Stadt, die sich dort treffen, Konversation betreiben und nur zu neugierig sind gegenüber Fremden. Daran hat sich bis heute wenig geändert.

Castello di Mazzarino

Mercato Storico Strata 'a Foglia

Bunter Markt, auf dem die Früchte der Gegend dargeboten werden.
Via Consutore Benintendi, Caltanissetta

*Die **Kathedrale von Caltanissetta**, Santa Maria la Nova e San Michele, beherrscht den zentralen Platz der Stadt, gegenüber steht die Kirche San Sebastiano. Berühmt sind die Feierlichkeiten in der Karwoche vor Ostern.*

Weitere Details in der ADAC Trips App

Im Feudalzeitalter war die Gegend um Caltanissetta ein Zentrum des Getreideanbaus.

UMSTEIGEPUNKT
CALTANISSETTA

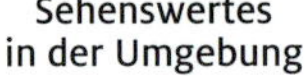

Sehenswertes
in der Umgebung

Caltanissetta oder Pietraperzia bieten die Möglichkeit, auf andere Routen zu wechseln, denn ganz in der Nähe verläuft die Autobahn A 19, die den Osten mit dem Westen verbindet. So ist man von hier aus in ca. 2 Stunden an der Ostküste, um mit einer Etappe der Tour 3 (S. 76) fortzufahren oder die Touren 4 (S. 112) und 5 (S. 136) zu erreichen. Aber auch eine Rückkehr nach Palermo (S. 28) ist von hier aus zügig möglich. Wer also in der Nähe von Caltanissetta eine Ferienwohnung oder eine Pension findet, kann zahlreiche Ausflüge unternehmen. Reisende, die die A 19 Richtung Catania nehmen, können einen Zwischenstopp in einem der berühmtesten Bergnester Siziliens machen, in Centuripe. Dazu nimmt man die Ausfahrt Catenanuova und folgt der Ausschilderung »Regalbuto/Catania«. Die SP 24 führt dann bis nach Centuripe ins Gebirge hinauf. Im August 1943 gelang es den Briten, die deutschen

Weite Landschaften eröffnen sich zu Füßen des Ätna.

Truppen von hier zu vertreiben. Heute lohnen das landschaftliche Erlebnis und einer der besten Blicke auf den Ätna überhaupt.

AUSFLUGSTIPP

In einer Stunde ist man von Caltanissetta aus in **Licata**, einem malerischen Hafenstädtchen mit Sandstränden. Ein Sommertag am Meer lässt sich somit gut organisieren.

Centuripe

ZUR TOUR 5

Über die A 19 erreicht man in 1½ Stunden Tour 5 und in ca. 2 Stunden die Ostküste.

Enna *gilt seit der Antike als der Nabel Siziliens und liegt auf 948 m Höhe. Ganz in der Nähe liegt der Lago di Pergusa, der See, der lange als Eingang zur Unterwelt galt.*

Weitere Details in der ADAC Trips App

Die Fahrt zu Ihrem nächsten Ziel, Piazza Armerina mit der Villa Romana, dauert ca. eine gute Stunde. Wieder geht es durch endlose Felder. Je näher man ins Zentrum der Insel gelangt, desto mehr Getreideanbau sieht man, teilweise sogar an recht steilen Hängen. Mehrere Straßenführungen bieten sich jetzt an, die sich jedoch nicht großartig unterscheiden, was Fahrzeit und landschaftliche Schönheit betrifft. Doch einen Unterschied gibt es: Die SS 117 bis (also die nördliche Route) führt am Eingang der Unterwelt vorbei. Richtig gelesen: Der Lago di Pergusa wurde schon von römischen Dichtern als solcher erwähnt. Persephone, die Tochter der Getreidegöttin Demeter (wo wenn nicht hier, im Herzen der sizilianischen Getreidefelder, könnte sie zuhause sein?), wurde vom Herrscher der Unterwelt Hades geraubt, der eben hier mit ihr hinabgestiegen sein soll. Untröstlich vergaß Mutter Demeter daraufhin, ihres Amtes zu walten – nichts wuchs mehr. Göttervater Zeus vermittelte schließlich: Hades bekam zwar die geraubte Braut, doch durfte diese zeitweise zu ihrer Mutter zurückkehren. Kaum erblickt Demeter wieder ihre Tochter, blüht die Natur auf. So entstand hier also ganz nebenbei auch der Wechsel der Jahreszeiten.

Wie auch immer: Der **Lago di Pergusa** hat noch eine andere Besonderheit. Er ist, im Gegensatz zu den meisten anderen Gewässern auf dieser Reise, ein natürlicher See. Aus diesem Grund war er auch den Menschen in der Antike schon bekannt. Alle anderen sind für die Landwirtschaft angelegte Stauseen. Um so bemerkenswerter ist es, dass die Italiener nichts Besseres zu tun hatten, als eine Autorennstrecke *(autodromo)* um den See herumzubauen. Naturbelassene Idylle braucht man hier also nicht erwarten.

Lago di Pergusa

Eine weitere Streckenvariante für die Route nach Piazza Armerina ist die SS 640 mit einem lohnenden Zwischenstopp in **Pietraperzia**. Wie eine Art Kasbah zieht sich das Häusergewirr

Piazza Armerina mit seiner verwinkelten Altstadt und der Villa Romana in der unmittelbaren Umgebung ist ein beliebtes Ausflugsziel für Kultur- und Geschichtsinteressierte.

der Stadt den Fels hinauf und wird von einem verfallenen Castello gekrönt. Wenn es irgendwo einen Ort gibt, an dem die Zeit stehengeblieben ist, dann ist es Pietraperzia. Besucher, die durch die Gassen schlendern, fühlen sich wahlweise in die arabische und normannische Zeit oder ins feudale Barockzeitalter zurückversetzt. Das Stehenbleiben der Zeit betrifft leider auch die Aktivitäten der lokalen Mafia, die hier immer noch fest im Sattel sitzt, während anderswo in Sizilien die Basis ihrer Macht zu großen Teilen zerbröckelt ist. Interessanterweise haben zahlreiche Einwohner dennoch damit begonnen, wunderschöne Ferienhäuser herzurichten und privat anzubieten. Selbst renommierte Ferienhausanbieter haben mittlerweile das eine oder andere historische Gebäude in Pietraperzia im Portfolio.

*Bei Piazza Armerina liegt die **Villa Romana del Casale**. Um 300 n. Chr. entstanden, zeigt sie die ganze Prachtentfaltung der römischen Oberschicht.*

Weitere Details in der ADAC Trips App

Vielleicht wird es ja der stetige Touristenstrom sein, der dem Ort eine mafiafreie Zukunft sichert.
Auf jeden Fall dürfte eine Unterkunft in Pietraperzia preiswerter sein als in der Nähe von **Piazza Armerina**, wo die berühmte römische Villa zu bewundern ist. Die Größe der Stätte und die Pracht ihrer Fußbodenmosaike haben die **Villa Romana del Casale** (www.villaromanadelcasale.it) zu einem der berühmtesten archäologischen Funde Italiens gemacht – und das völlig zu Recht. Doch zugleich erzählen die Mosaiken auch viel über Sizilien selbst. Der Erbauer und Besitzer muss ein hoher Funktionär gewesen sein, der Karriere gemacht hat und Spiele mit Gladiatorenkämpfen und wilden Tieren in Arenen wie dem Kolosseum ausrichten ließ. Die Beschaffung der exotischsten Tiere, mit denen er sein Ansehen vermehrte, hat er auf seinem Fußboden kunstvoll darstellen lassen. Ziemlich sicher dürfte er große Ländereien besessen haben (vielleicht wurden sie ihm auch verliehen aufgrund seiner Verdienste) – eben in jener Gegend, die Sie durchqueren, wenn Sie nach Piazza Armerina, dem Ort in unmittelbarer Nähe, kommen.
Der aufwendige und verschwenderische Lebensstil der römischen Oberschicht tritt an wenigen Orten so deutlich vor Augen wie hier.

Die »Bikini-Mädchen« gehören zu den berühmtesten Mosaiken der Villa Romana. Dargestellt werden verschiedene Sportarten und die Ehrung der Siegerinnen.

ETAPPE 3

Von Piazza Armerina nach Noto

 137 km ca. 2 ¾ Std.  

Diese Etappe steht wieder ganz im Zeichen der feudalen Barockzeit, auch die erste Etappe der Tour 3 ist von dieser Epoche geprägt. Die Fahrt geht über Caltagirone, Palazzolo Acreide bis nach Noto, das an neuer Stelle auf dem Reißbrett entstanden ist, nachdem Alt-Noto – ähnlich wie Gibellina (S. 44) – 1693 von einem Erdbeben zerstört wurde. Die Anfahrt von **Piazza Armerina** über San Michele di Ganzaria nach Caltagirone ist abwechslungsreich und landschaftlich besonders reizvoll, denn immer wieder ergeben sich neue Perspektiven über die hügelige Gegend, in der Städte auf den Bergkuppen unvermittelt aufscheinen. Das Wechselspiel von Sonne und Wolken, das hier häufig zu bewundern ist, unterstreicht die Dramatik der Szenerie.

In **Caltagirone** stellt man den Wagen am besten auf einem Parkplatz an der Circonvallazione direkt an der SS 124 ab und geht zu Fuß durch die Gassen der gut erhaltenen mittelalterlichen Stadt. Kaum ein anderer Ort ist so eng mit kunstvoller handgearbeiteter Keramik verbunden wie Caltagirone. Unzählige Geschäfte finden sich in der Innenstadt. Interessierte Besucher können dabei zusehen, wie die Vasen, Teller und Espressotassen in den Ateliers bemalt werden. Die verwendeten Motive erzählen von der Region, und wer schon eine Weile auf Sizilien unterwegs war, bemerkt schnell, wie eng hier Land und Kunst miteinander verbunden sind. Die *Ceramica di Caltagirone* ist nicht teuer, jedes Stück dennoch ein Unikat. Ein prachtvolles Beispiel für die hiesige Handwerkskunst ist die handbemalte Keramiktreppe **Scala di Santa Maria del Monte**, die schließlich vor einem Majolika-Gemälde mit einer historischen Szene endet. Die Treppe mit 142 Lavasteinstufen führt in die höher gelegenen Teile der Stadt. Sie ist mit bemalten Kacheln geschmückt. Auf den Abbildungen sind unter anderem Kamele und Sarazenen zu sehen.

Es ist wieder die SS 124, der Sie nun einfach weiter folgen und die Sie über Grammichele und Vizzini nach **Palazzolo Acreide** führt. Die Fahrt geizt nicht mit Ausblicken in die Umgebung, denn die Straßenführung hangelt sich von Ort zu Ort, die sich alle auf Anhöhen ausbreiten. Palazzolo Acreide liegt auf fast 700 m Höhe. Immer wieder lassen sich in der Landschaft auch Spuren der früheren Eisenbahnlinie ausmachen, die einst der SS 124 folgte. So steht vor Caltagirone noch ein altes Bahnhofsgebäude, hinter Vizzini findet sich eine Bahnbrücke. Die Trasse wird heute gerne von Mountainbikern genutzt.

In Caltagirone ist die Scala di Santa Maria del Monte reich mit handbemalten Keramikkacheln geschmückt.

UMSTEIGEPUNKT

CALTAGIRONE

Sehenswertes
in der Umgebung

Wer möchte, kann nach dem Besuch in Caltagirone direkt mit der Tour 3, Etappe 2 (S. 90) und Etappe 3 (S. 102) weitermachen, denn über die SS 417 gelangt man schnell (ca. 1 Std.) auf die Umgehungsstraße von Catania (hier ist auch der Flughafen), die von der Autobahn aus Taormina und Messina weiterführt. Begleitet wird die Fahrt von imposanten Ansichten des Vulkans.

Wer ein Quartier in Caltagirone bezieht, kann von hier aus auch eine schöne Tagestour unternehmen. Dafür fahren Sie zuerst nach Noto (S. 73) und von dort nach Syrakus (hier kann man ein Stück die Autobahn nehmen, ohne viel zu verpassen). Weiter geht es an der Küste Richtung Norden zur Mündung des Simeto (Naturschutzgebiet, S. 94), dann auf der SS 417 zurück.

Der Ponte dei Saraceni über den Simeto mutet arabisch an.

AUSFLUGSTIPP

Nur 60 km (ca. 1 Std.) ist es von Caltagirone nach **Enna**, die Stadt im Herzen Siziliens. Die alte Bergfeste hat eine bewegte Vergangenheit, die sich an der Rocca di Cerere oder am Castello di Lombardia hautnah erleben lässt. Hier oben liegt dem Betrachter ganz Sizilien zu Füßen.

Steinbrüche von Syrakus

ZUR TOUR 3

Über die SS 417 kann man von Caltagirone aus an die Ostküste wechseln und mit der Tour 3 fortfahren.

Im Ort **Palazzolo Acreide** zeigt sich die spätbarocke Baukunst mit großen Effekten. Die Stadt wurde als Bühne gedacht: Inszenierung ist alles. Dass sie zum UNESCO-Welterbe zählt, überrascht nicht. Selbst die kleinen Landadeligen übten sich hier in Prachtentfaltung. Wie dagegen die Landbevölkerung einst lebte, kann man sich in der Casa Museo di Antonio Uccello ansehen. Das antike Theater, das ein Teil der syrakusischen Siedlung der Griechen war, belegt die antike Geschichte des Ortes.
Nun geht es aus der Berglandschaft der letzten Stationen bergab nach Noto, die Gegend wird flacher und die SS 287 ist von kleinen Kalksteinmäuerchen und Gärten gesäumt. Wieder taucht eine verlassene Bahnstation auf und dann sogar eine alte Brücke. Schnell wird klar: Die Straße führt auf der ehemaligen Bahntrasse entlang und gelangt so bis nach Noto – zur Barockstadt Siziliens schlechthin.

*In dem kleinen Ort **Palazzolo Acreide** kann man den schönsten sizilianischen Barock erleben, etwas verspielter als in Noto und sehr abwechslungsreich.*

Weitere Details in der ADAC Trips App

Ein prachtvolles Barockensemble wie aus einem Guss: In Noto konnten die Architekten ihre Idealstadt verwirklichen.

Die Tonnara di Vindicari im Naturschutzgebiet mit gleichem Namen war eine der größten Thunfisch-Fanganlagen Siziliens.

Noto wurde nach dem großen Erdbeben von 1693 an neuer Stelle komplett neu errichtet. Die Baumeister konnten hier ihre Idealvorstellungen einer barocken Stadt verwirklichen. Doch die Stadt erlebte lange Zeit einen geradezu gespenstischen Niedergang, in den 1990er-Jahren stürzte sogar die Kuppel der Kathedrale ein. Viele historische Gebäude wurden lange sich selbst überlassen und waren marode. Doch Noto schaffte ein Comeback, heute ist es vor allem optisch ein Schmuckstück. Die restaurierten Fassaden leuchten wieder im honiggelben Farbton des lokalen Sandsteins. Wer die Hauptstraße, den Corso Vittorio Emmanuele, entlangschlendert, erlebt alle Facetten der Selbstdarstellung der Macht des 18. Jahrhunderts – Klerus und Adel protzten mit Konventen und Palazzi. Heute herrscht zudem an Geschäften, Restaurants und Unterkünften kein Mangel. In der Umgebung gibt es eine Reihe von Resorts und *agriturismo*-Angeboten.

Tipp: Wer nach der Bergetappe nun Sehnsucht nach Meer hat, kann in etwa 15 Minuten an den **Lido di Noto** fahren und findet dort gute Sandstrände. Eine Exkursion wert ist auch die **Tonnara di Vendicari** im gleichnamigen Naturschutzgebiet etwas weiter südlich.

Tenuta La Moresca

Stilvolle Unterkunft mitten in der Natur, nur 10 Minuten von Noto entfernt.
Contrada Volpiglia Snc, 96017 Noto
www.tenutalamoresca.com

Sonnenuntergang an der Südküste Siziliens, wo herrliche Strände warten

TOUR 3

Route mit Burgen und Lava

Vom sizilianischen Barock im Südwesten bis zum Feuerberg, der alles überragt

Sie starten in der geologisch ältesten Region Siziliens, im Südwesten. Über Canyons, Karstebenen und durch Barockstädte geht es dann an der Küste entlang, vorbei am New York der Antike, Syrakus, bis zum geologisch jüngsten und sehr aktiven Gebiet der Insel – dem über 3000 m hohen Vulkan Ätna. Fruchtbarkeit und Zerstörung sind hier eng miteinander verknüpft.

Seite 110
Von Nicolosi führt die Panoramastraße zum Rifugio Sapienza in Richtung Gipfel.

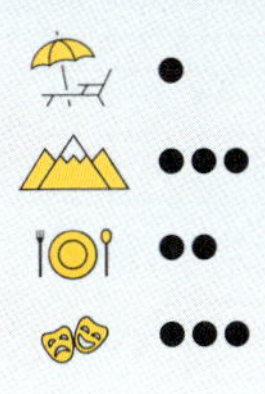

Die Tour auf einen Blick

ORTE ENTLANG DER ROUTE

1. Noto – Ispica – Mòdica – Scicli – Marina di Ragusa – Donnafugata – Ragusa – Frigintini – Noto
2. Noto – Avola – Syrakus – Catania – Acireale – Taormina
3. Taormina – Fiumefreddo di Sicilia – Randazzo – Castello Nelson – Bronte – Nicolosi – Zafferana Etnea

KILOMETER
ETAPPE 1: 160 KM
ETAPPE 2: 161 KM
ETAPPE 3: 138 KM

Navigation und GPX-Download

REINE FAHRTZEIT
ETAPPE 1: 3 ¾ STUNDEN
ETAPPE 2: 4 ¾ STUNDEN
ETAPPE 3: 3 ½ STUNDEN

ETAPPE 1

Von/nach Noto via Donnafugata

160 km ca. 3¾ Std. 

Der Südosten, den diese erste Etappe erkundet, ist die Heimat des sizilianischen Barock. Denn nach dem Erdbeben von 1693 wurden in dieser Region viele Städte im damals modernen Stil völlig neu errichtet. Zugleich führt Sie die Etappe durch das geologisch älteste Gebiet der Insel Sizilien. Auf Karst- und Kalksteinplateaus erheben sich zum Teil burgartige Städte und es geht stellenweise steil bergauf, auch wenn man sich hier nicht in den Bergen befindet. Flüsse haben Schluchten und Canyons in die Landschaft gegraben und Höhlen geformt, die schon in der Steinzeit von Menschen genutzt wurden.

LAND DER JOHANNESBROTBÄUME

Von **Noto** geht es auf der SS 115 Richtung Südwesten über Rosolini nach Ispica. Trockensteinmäuerchen und Gärten, vor allem aber Johannisbrotbaum-Plantagen säumen den Weg. Dass man sich hier auf nährstoffreichem Kalksteinterrain bewegt, sieht man überall. In der Ortschaft **Ispica** bleiben Sie auf der SS 115, die hier nach rechts abbiegt (Kreisel). Nun befinden Sie sich auf dem Weg nach Mòdica bzw. Ragusa.
Ein Stopp empfiehlt sich an der Cava d'Ispica. Dieser lang gezogene Canyon, in dem sich vor dem Erdbeben 1693 auch das Dorf Ispica befand, zeigt

Grüne Landschaften in der Umgebung von Donnafugata

In der Oberstadt von Mòdica nahe dem Duomo San Giorgio findet sich das barocke Zentrum, heute UNESCO-Weltkulturerbe.

Cava d'Ispica

eindrucksvoll die für diese Gegend typische Geländeform des Karst. Bereits vor 3000 Jahren wurden in die Steinwände Höhlen und Gräber geschlagen. Die Cava d'Ispica ist an der SS 115 (auf die SP 32) gut ausgeschildert.
Tipp: Halten Sie auch im Ort Ispica und besuchen Sie die Kirche Santa Maria Maggiore. Ihr gegenüber steht eine Art Portikus, der dem Platz eine fürstliche und elegante Atmosphäre verleiht.

BAROCK UND SCHOKOLADE

Durch die von den typischen Geschäften und Werkstätten flankierte Ortseinfahrt führt die Straße nach **Mòdica** hinein, die Stadt des Barock – und der Schokolade. Letztere ist eine der wenigen positiven Hinterlassenschaften der langen spanischen Herrschaft über Sizilien. Schwarz und bitter kann man sie hier genießen, als käme sie gerade aus dem neu entdeckten Südamerika. Aber natürlich sind inzwischen alle schmackhaften Varianten erhältlich. Unser vorrangiges Ziel ist jedoch die Kirche San Pietro (den Schildern »Centro« oder »Old Town« folgen). Ganz auf erhabene Wirkung ist nicht nur die Fassade des Kirchenbaus ausgerichtet. Auch die Apostelstatuen, die das Eingangsareal der Kirche schmücken, tragen ihren Teil dazu bei. Schokoladengeschäfte und Cafés befinden sich gleich gegenüber. Zum Parken können Sie etwas weiter den Corso Umberto hinauffahren, wo es einen öffentlichen Parkplatz gibt.
Hinter dem Schokoladenladen Bonajuto führen Stufen zu einem Aussichtspunkt hinauf. Von hier bietet sich nicht nur ein guter Blick auf die Kirchenfassade, sondern auch auf die Schluchten und Felsen rings um Mòdica. Wer etwas Zeit hat, sollte einen kleinen Spaziergang bergauf und -ab einplanen und Mòdica erlaufen. Erst dann lassen sich die interessanten Perspektiven auf Felswände und Schluchten, Fassaden und Häuser,

L'antica dolceria Bonajuto
Die Spanier brachten einst die Schokolade aus Südamerika nach Europa und in Mòdica hat sich die Tradition der Herstellung erhalten. Dies ist die älteste Schokoladenmanufaktur in Sizilien (Eingang in der kleinen Gasse an der Seite).
Corso Umberto I, 159, 97015 Modica, www.bonajuto.it

Mit 137 m Höhe überspannt der filigrane Ponte Guerrieri die Schlucht bei der Ausfahrt von Mòdica an der SP 54.

verschlungene Gassen und prächtige Gebäude so richtig genießen.

Verlässt man Mòdica Richtung Scicli auf der SP 54 (vom Corso Richtung Süden, am Kreisel der Beschilderung »Scicli« folgen), erhält man noch einmal einen guten Eindruck von den Schluchten, die die Landschaft durchziehen. Denn die SP 54 führt unter der SS 194 (der Fortsetzung der Route, die Sie nach Mòdica führte) hindurch – unter dem Ponte Guerrieri, der sich hoch über dem Tal von Kuppe zu Kuppe schwingt, in 137 m Höhe genau gesagt. Wie ein Fremdkörper steht diese atemberaubende Konstruktion in der Landschaft und macht gleichzeitig deutlich, wie tief sich die Schluchten in den Kalkfels hineingegraben haben.

JUWEL SCICLI

Über **Scicli** geht es auf den Provinzstraßen nach Marina di Ragusa ans Meer. Scicli ist eine weitere ländliche sizilianische Barockstadt. Ein Highlight im Ort ist der eigenwillige Palazzo Beneventano mit seinen grotesken Figuren an der Fassade, die die ländliche Oberschicht auf Sizilien so liebte. Hier findet sich außerdem die Bäckerei Cannolia – dort gibt's *cannoli* der besten Sorte (die Ricotta quillt an beiden

 **Cannolia**

Süße Teigrollen satt! Die beliebte Bäckerei betreibt auch ein Geschäft in Marina di Ragusa.
Via San Bartolomeo 10, www.cannolia.it

*Die Anlage des **Castello di Donnafugata** dürfte Literaturfreunden aus Tomaso di Lampedusas »Der Leopard« geläufig sein. Fürstlich geht es auch im realen Donnafugata zu, das hauptsächlich aus dem 19. Jahrhundert stammt.*

Weitere Details in der ADAC Trips App

Das Naturschutzgebiet Macchia Foresta del Fiume Irminio bei Marina di Ragusa lockt mit unverbautem Naturstrand.

Enden förmlich über). Kurz anhalten und verkosten lohnt sich.
Auf der SP 95 verlassen Sie Scicli (Ausschilderung »Donnalucata«). Diese Provinzstraße geht irgendwann in die SP 63 über und bringt Sie an die Meerespromenade von **Marina di Ragusa**. Die Landschaft wird nun schon durch das nahe Meer geprägt sowie durch die Flüsse, die hier ins Meer fließen und sich durch hohes Schilf und Sumpfgras in der Landschaft verraten. An der SP 63 kommt man an dem Naturschutzgebiet der Mündung des Flusses Irminio vorbei, der hier die Küste erreicht. Es gibt einen Parkplatz, ein paar Infotafeln und es besteht die Möglichkeit, das Terrain zu Fuß zu erkunden und Vögel zu beobachten.
Schon vor dem Ort Marina di Ragusa – im Sommer ein beliebter Ferienort – beginnen die Sandstrände, und Trattorien mit Meeresküche säumen den *lungomare* (Strandpromenade). Wer zur Zeit des Mittagessens hier ist, sollte sich die Gelegenheit nicht entgehen lassen. Am besten stellt man dafür den Wagen am Beginn des Lungomare Andrea Doria am Kreisel ab. Denn von dort geht es später auch am besten weiter auf die SP 25 (Ausschilderung »Ragusa«).
Nach der Pause am Meer ist es Zeit aufzubrechen, um **Donnafugata** nicht zu spät zu erreichen. Vielleicht haben Sie den Namen des Ortes schon auf einer der Weinflaschen unterwegs gelesen. Neben dem Weingut gibt es hier aber auch ein Schloss, das wie ein venezianischer Palazzo in der Landschaft thront. Um hinzugelangen, folgen Sie der Ausschilderung »Santa Croce (Camarina)«, zunächst über die SP 25, anschließend auf der SP 63.

EINE SOMMERRESIDENZ

Trockensteinmauern aus weißem Kalkstein, Johannisbrotbäume, Gärten – das ländliche Szenario setzt sofort wieder ein, nachdem Sie Marina di Ragusa verlassen haben. Auch kleinere Ackerbauflächen sind bald zu sehen. Santa Croce, einen schmucklosen von Landwirtschaft geprägten Ort, umfahren Sie, indem Sie der Ausschilderung »SS 20 Comiso« folgen. Hier öffnet sich das Land weit und man kann bis zum Horizont blicken. Auch Viehzucht wird betrieben. Biogasanlagen und Folientunnel prägen die Szenerie. Das **Castello di Donnafugata** (castellodonnafugata.org) ist rechtzeitig ausgeschildert. Das neogotische Erscheinungsbild des Schlosses und seines riesigen Gartens entstammt dem Bauplan des Baron Arezzo aus dem 19. Jahrhundert. Erst dann entstand aus einem Landsitz dieses Märchenschloss, das man heute besichtigen kann. Der Visconti-Film (»Der Leopard«) wurde hier allerdings nicht gedreht, auch wenn das immer wieder behauptet wird. (Der Schauplatz Donnafugata im Roman wie im Film entspricht, was Beschreibung und Entfernung von Palermo betrifft, eher dem Ort Santa Margherita di Belice, wo sich die Sommerresidenz der Lampedusas befand, s. S. 53.)

Um nach **Ragusa** zu gelangen (im Navigationsgerät »Via avvocato Giovanni Ottaviano« eingeben, dort gibt es auch einen Parkplatz), fahren Sie am besten auf die SP 80, die Sie dann auf die SP 60 führt. Auf diese Weise

Die flache Umgebung des Schlosses von Donnafugata ist durch Landwirtschaft und Viehzucht geprägt.

können Sie die SS 115 (Richtung Syrakus/Mòdica) und anschließend die SP 25 erreichen, die Sie ausgeschildert nach Ragusa Ibla führt. Auf dieser Streckenführung bekommen Sie schon bei der Anfahrt einen sehr schönen Eindruck von der Lage der beiden Stadtteile. Denn Ragusa gibt es gleich zweimal: die moderne Stadt und den alten Teil, der **Ragusa Ibla** heißt und sich auf einer zweiten Felskuppe erhebt. Die Stadtteile sind durch eine Schlucht voneinander getrennt.
Der Dom San Giorgio und der vorgelagerte Platz stellen eine besondere Form barocker Inszenierung dar, auf einem Terrain, das wohl eher für eine Festung geeignet wäre. Es ist diese Widersprüchlichkeit zwischen landschaftlichen Vorgaben und den Idealvorstellungen barocker Städteplanung, die die Architekten hier zur Fantasie anregte. Zum Parken nutzen Sie am besten einen der Plätze am Ortseingang. Die Entfernungen sind in der Stadt nicht groß. Und unterwegs gibt es viel zu entdecken.
Für die Rückfahrt nach Noto bietet sich eine Rückkehr auf die SS 194 an. In nördlicher Richtung geht es immer am Fluss Irminio entlang. Beim Abzweig auf die SP 58 (Beschilderung »San Giacomo«) überqueren Sie den Fluss. Sehr schön kann man unterwegs die Geologie dieser Region betrachten: Kalksteinplateaus und tief eingeschnittene Täler. Über Balata di Mòdica gelangen Sie auf den Provinzstraßen nach Noto zurück (Richtung **Frigintini**, von dort ausgeschildert).
Alternativ bietet sich aber auch eine Übernachtung in der Gegend um Donnafugata an, wo zahlreiche Resorts und Unterkünfte auf dem Land warten: eine gute Gelegenheit, landwirtschaftliche Arbeitsweisen und die Früchte der Region kennenzulernen.

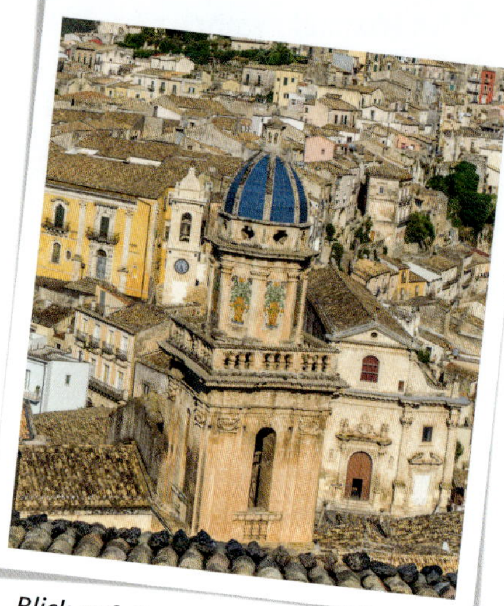

Blick auf die barocke Altstadt von Ragusa

***Ragusa Ibla**, durch eine Schlucht von Ragusa Superiore getrennt, fasziniert durch die Verbindung zwischen barocker Architektur und seiner imposanten Lage.*

Weitere Details in der ADAC Trips App

 **Tenuta Cammarana**

Ein altes Landgut, das noch Landwirtschaft betreibt (z.B. Anbau von Johannisbrotbäumen) und schöne Gästezimmer anbietet. C. da cammarana, sn 97100 Ragusa, www.tenutacammarana.it

Ragusa Ibla – der Name der Altstadt – geht auf die Siedlung Hybla und die Urbevölkerung der Sikuler zurück, die mit den griechischen Siedlern lange Zeit koexistierten.

UMSTEIGEPUNKT
NOTO

Sehenswertes
in der Umgebung

Noto ist mit Catania und der Westküste gut verbunden, denn die Autobahn E45/A18 führt bis nach Messina. Nach Taormina sind es so etwa 150 km und je nach Verkehr ca. 1½ bis 2 Stunden Fahrtzeit. Dies erlaubt, an unsere Touren 4 oder 5 anzuschließen sowie mit Tour 3, Etappe 3 (Ätna, S. 102) weiterzumachen. Direkten Anschluss bietet Noto zur Tour 2 (S. 73). Die Autobahn verbindet Noto auch mit dem Flughafen von Catania.

Noto eignet sich sehr gut als Basis für Urlauber, die Kultur, Naturerlebnisse, Strand und Kulinarik verbinden wollen. Als besonders schöne (und originelle) Unterkunft bietet sich ein *agriturismo* in der Umgebung an. Mit Noto Marina, der Cassibile-Schlucht, Syrakus, Catania, aber auch der gerade beschriebenen Etappe (S. 78) durch den Südosten gibt es zahlreiche Optionen für Ausflüge mit moderaten Kilometerzahlen. Und an der Südküste warten viele breite Sandstrände.

AUSFLUGSTIPP

Noto Marina, wenige Minuten mit dem Auto von Noto entfernt, bietet beste Bedingungen für einen gelungenen Ausflug: Hier gibt es einen herrlichen Sandstrand und gutes Essen. Ein verlassener Bahnhof und Gleisanlagen künden von früheren Zeiten.

Cassibile-Schlucht

Lentini
Augusta
Siracusa
Ragusa
Noto
Mòdica
Noto Marina

ZUR TOUR 2

In Noto endet auch die letzte Etappe von Tour 2.

ETAPPE 2

Von Noto nach Taormina

161 km ca. 4 ¾ Std.  

Diese Etappe, die an der Ostküste der Insel entlangführt, ist von starken Gegensätzen geprägt. Startet man im geologisch ältesten Teil Siziliens, gelangt man später mit dem Ätna-Gebiet in das jüngste Gebiet der Insel – der Vulkan verändert die Landschaft hier bis heute immer wieder. Das antike Syrakus stellt das unbestrittene architektonische und kulturelle Highlight der Etappe dar, Taormina zeugt von den Ursprüngen des Tourismus auf der Insel.

*Das antike **Syrakus** (italienisch: Siracusa), sagenhaft reich und mächtig, war so etwas wie das New York der Antike. Heute sind im und am Dom noch die Reste des alten Athene-Tempels zu sehen. Das antike Theater wird immer noch für Aufführungen genutzt. Und die Steinbrüche, in denen im 5. Jh. v. Chr. Kriegsgefangene litten, sind heute eine Oase mit Schatten und viel Grün.*

Weitere Details in der ADAC Trips App

IMMER DIE KÜSTE HINAUF

Von **Noto** geht es auf der SS 115 entlang des Tals des Flusses Asinaro Richtung **Avola**. Der Ortsname kommt Ihnen sicher bekannt vor, denn in den letzten Jahren hat die Weinsorte Nero d'Avola ihren Weg in unsere Geschäfte und Supermarktregale gefunden. Avola zählt zu den Städten, die nach 1693 an neuer Stelle neu errichtet wurden, was die großzügige Anlage der Barockbauten erklärt. Wer sich die Stadt anschauen möchte, folgt der SS 115 durch den Tunnel und dann weiter nördlich am Kreisel der Ausschilderung »Avola«. Die Stadt hat einen schönen Sandstrand zu bieten und direkt daneben die Ruinen einer alten *tonnara* (Fangstation für Thunfische). Zurück auf der SS 115 nähern Sie sich Syrakus. Das flache Gelände der Umgebung wird landwirtschaftlich intensiv genutzt. Nur um den Fluss Cassibile wurde ein Naturschutzgebiet angelegt, denn das Fließgewässer hat an seinem oberen Verlauf eine einzigartige Schlucht gegraben, wie man sie sonst nur aus Südfrankreich kennt. Hier an der Küste kann man die ruhige Umgebung seiner Mündung genießen, über die eine Brücke führt.

Bei **Syrakus** biegen Sie rechts auf die Via Paolo Orsi ab. Sofort sehen Sie in der Ferne eine Konstruktion, die wie ein in Beton gegossenes Raumschiff anmutet. Der Santuario della Madonna delle Lacrime ist eine Kirche, die aufgrund eines Wunders errichtet wurde – das Madonnenbild eines Bauern vergoss angeblich Tränen. Sie wurde von Papst Johannes Paul II. geweiht.

Den besten Eindruck von Syrakus bekommt man, wenn man das alte

Der Fluss Cassibile mündet südlich von Syrakus ins Meer. An seinem Oberlauf ist er für seine tief eingeschnittenen Canyons berühmt.

Fonte Aretusa in Syrakus: eine Süßwasserquelle unmittelbar am Meer. Seit der Antike trägt sie den Namen der Nymphe Arethusa.

Stadtzentrum auf der vorgelagerten Halbinsel **Ortigia** durchwandert. Die Entfernungen sind gering und gut zu bewältigen. Parken sollte man besser vorher, auch wenn es etwas kostet. Einbahnstraßen und Staus können Nerven kosten. Das mittelalterliche Geflecht von Häusern und Straßen, die barocken Fassaden und die Blicke aufs Meer sind zauberhaft. Nach einer Zeit des Verfalls auf Ortigia haben Künstler und Unternehmer der Altstadt wieder neues Leben eingehaucht. Betritt man den Dom, ist der sonst so omnipräsente Stil des Barock schnell vergessen und man findet sich in einem antiken dorischen Tempel wieder, der im Lauf der Zeit immer wieder umgebaut wurde. Die Säulen, die Cella – alles ist noch da! Reich und mächtig war Syrakus in der Antike. Platon wollte hier seinen Idealstaat verwirklichen. Und von Dionysios I., Tyrann von Syrakus, haben viele vielleicht auch schon etwas gehört.

Ortigia verzaubert den Besucher bis heute. Schlendern Sie die Via Dione und die Via Roma entlang, lassen Sie sich von dem eigenwilligen, aber eleganten Domplatz beeindrucken (betreten Sie den Dom unbedingt!) und gehen Sie dann weiter zur Quelle der Nymphe Arethusa direkt am Meer.

AUF NACH CATANIA

Wieder auf der Via Paolo Orsi (so hieß der leitende Archäologe bei der Entdeckung des alten Syrakus) folgen Sie den Schildern zur Autobahn (grün) und nehmen diese Richtung Catania. Diese Straße heißt noch lange SS 114/E45, bevor sie zur eigentlichen Autostrada wird. Die Karstlandschaft wird hier immer flacher und es bietet sich ein weiter Blick aufs Meer – und leider auch auf eine der schlimmsten Umweltsünden Italiens. Denn die Petrochemie-Anlagen von **Augusta** (Kunststoffindustrie zur Herstellung von Ethylen) mit den Firmen Agip, Montedison, Esso und anderen führen zu gravierenden Gesundheitsschäden bei den Anwohnern – die wegen ihrer Arbeitsplätze dennoch bleiben. Die italienische wie auch deutsche Presse berichtet seit Jahrzehnten von den Zuständen – leider erfolglos. Die Orte Augusta, Priolo, Melilli gelten unter Sizilianern daher auch als »das Todesdreieck«. Dass es bei Priolo auch noch ein Naturreservat sowie einen Badestrand gibt, ist mit Vernunft nicht zu erklären. Wer sich die bizarre Industrielandschaft aus der Nähe ansehen will, nimmt alternativ die SP 114 (Navigationsgerät: Priolo Gargallo) bis zum Autobahnkreuz Augusta.
Am Autobahnkreuz trennt sich die Autostrada von der SS 114, der Sie folgen (Ausfahrt Augusta/Villasmundo, dann der blauen Beschilderung »Catania«

Die Halbinsel Ortigia lässt sich am besten zu Fuß durchstreifen – an ihrer Spitze wacht das Castello Maniace.

***Catania**, die Lava-Stadt am Ätna ist ein kulturelles Zentrum der Insel. So kommt z. B. Vincenzo Bellini, Komponist der »Norma«, von hier.*

Weitere Details in der ADAC Trips App

folgen). Denn diese wird nun landschaftlich wieder sehr reizvoll, auch wenn die flache Region immer wieder von Brachland und Industriebauten durchsetzt ist. Das Mündungsdelta des **Simeto** ist heute ein Naturschutzgebiet. Man blickt über weite Graslandschaften – dort, wo Wälder wachsen, wurde künstlich wiederaufgeforstet, teilweise mit Nadelbäumen, die hier an der Küste eigentlich nicht wachsen. In der Ferne ist nun ständig der Kegel des Ätna zu sehen– oder zumindest die Wolken, die ihn an manchen Tagen umhüllen.

Hat man den Simeto überquert, nähert man sich **Catania** – nach Palermo die zweite Hauptstadt Siziliens. Von Lavagestein dominiert, wirkt sie jedoch ganz anders als ihre Schwester im Westen. Die SS 114 führt in Sichtweite am Dom sowie am Castello Ursino vorbei, das zu Zeiten des Stauferkaisers Friedrich II. noch am Meer lag, bis ein Vulkanausbruch die Landmasse vergrößerte. Catania ist einen Besuch wert, und wer es sich zutraut, sucht sich an einem der Kreisel am Dom einen Parkplatz. Alternativ kann man auch ab Acireale oder Taormina/Giardini Naxos die Bahn nach Catania Centrale nehmen und die Stadt zu Fuß erkunden. Auf die Diebstahlgefahr und erhöhte Kriminalität in Catania muss man leider hinweisen. Das gilt besonders für die Peripherie der Stadt. Doch Catania ist auch eine Stadt der Genüsse. Ob es das *gelato* ist oder Seafood – hier kann man sich verwöhnen lassen, vom Takeaway bis zur Gourmet-Küche. Berühmt ist auch der Fischmarkt direkt neben der Piazza Duomo.

Elefantenbrunnen, Catania

BLÜHENDE GÄRTEN

Catania verlassen Sie, indem Sie immer auf der SS 114 bleiben, die ab Catania mit »Messina/Acireale« blau ausgeschildert ist. Die Landschaft ist nun plötzlich eine ganz andere: Wir fahren über Lavazungen, die der Ätna über die Jahrhunderte ausgespuckt hat, und das

 **Gulien**

Gut essen direkt auf der Piazza Duomo mit Blick auf die Domfassade und den berühmten Elefanten aus Lavagestein. Piazza Duomo 17-18 ang. Via Vitt. Emanuele 165, 95124 Catania, www.gulien.it

Auf der Straße nach Taormina glauben Autofahrer, über dem Meer zu schweben.

Lavagestein wird von den Anwohnern auch fleißig zum Bauen verwendet. Wie fruchtbar das Land hier ist, lässt sich leicht erkennen: Die ganze Gegend wirkt wie ein üppiger Garten. Nur Platz gibt es hier nicht im Überfluss. Denn für Straßen, Siedlungen und Eisenbahn bleibt nur ein relativ schmaler Streifen Land. Die Straße verläuft jetzt immer häufiger auf und ab, dadurch ergeben sich z. T. herrliche Ausblicke aufs Meer. In Richtung Taormina erscheint die Küste noch dramatischer, denn nun sind es die schroffen Peloritanischen Berge, die sich an der Nordküste entlangziehen, eine alpine Faltung, die bis auf über 1200 m Höhe reicht (mehr dazu in Route 4). **Taormina** selbst liegt auf einer dieser Felsnasen. Entsprechend schmal sind hier auch die Strände, die häufig keine Sandstrände sind. Kieselstrände oder Felsküste beherrschen das Bild.

Von Meereshöhe schraubt sich die Anfahrtsstraße nach Taormina hinauf, vorbei an Palästen, Gärten und üppigen exotischen Pflanzen. Der Duft der Vegetation liegt in der Luft. Immer höher steigt die Route an und es eröffnen sich immer neue Blicke auf das

 **Gambero Rosso**

Besser geht es nicht: Meeresküche, die die Sinne betört, im Herzen der Altstadt. Via Naumachia, 11, 98039 Taormina, gambero-rosso-taormina.business.site

Die berühmteste Aussicht Siziliens: Vom Teatro Greco in Taormina schweift der Blick über den Gipfel des Ätna.

kobaltblaue Meer weit unten. Ja, die Lage von Taormina ist ziemlich einmalig, spektakulär. Kein Wunder, dass sich Taormina unter Reisenden großer Beliebtheit erfreut, und das schon sehr lange. Denn schon vor über hundert Jahren entdeckten englische Reisende diesen Ort und machten ihn zu einem eleganten Urlaubsziel. Trotz Andenkenläden und Touristenmassen ist auch heute noch das ursprüngliche Taormina gut zu erkennen, man muss nur kurz von der Hauptstraße abweichen und sich in den Gassen verlieren. Das **Teatro Greco** (das, im 2. Jahrhundert überbaut, eigentlich ein *teatro romano* ist) hat den berühmtesten Blick der Stadt zu bieten: durch das halb verfallene Bühnengebäude auf den Ätna und das Meer. Nur für das örtliche Filmfestival wird diese Aussicht zum Teil verhängt.

Casale Romano

Haus auf dem Land mit großem Garten, die Besitzerin spricht deutsch. Von hier lassen sich Taormina, die Zyklopenküste, der Ätna sowie die Alcantara-Schlucht gut erreichen.
Casale Romano, Via Nazionale 5, C. da Rinazzo, Motta Camastra, www.casaleromano.it

Castelmola, ein Bergdorf oberhalb von Taormina, lädt zu Wanderungen mit Weitblick ein.

Im Tourismus-Hotspot Taormina muss man mit erhöhten Preisen rechnen, trotzdem ist nicht alles überzogen teuer. Das Essen im Lokal Gambero Rosso (S. 95) ist z. B. sein Geld mehr als wert. Als Basis zum Übernachten bieten sich allerdings auch andere Orte an der Küste oder im Hinterland an. Etwas landeinwärts, um den Ort Motta Camastra herum, warten viele gute Ferienwohnungen und *agriturismo*-Unterkünfte.

Tipp: Von Taormina lassen sich kurze, aber tolle Wanderungen unternehmen, etwa hinauf nach **Castelmola** und weiter auf den Monte Veneretta. Hier bietet sich auf 884 m Höhe ein Rundumblick, der die Mühen des Aufstiegs absolut lohnt. Wer sich einen Tag Zeit nimmt, kann auch auf vielen kleinen Wegen das Hinterland von Taormina erkunden. Für Autofahrer sind die Routen anspruchsvoll und man kommt nicht schnell voran. Ganz nebenbei erhält man hier einen Blick in die Vergangenheit, denn was heute weitgehend wieder bewaldet oder mit Strauchwerk bedeckt ist, war Ende des 19. Jahrhunderts kahl. Der Bedarf an Brennholz und Weideflächen war immens.

UMSTEIGEPUNKT
TAORMINA

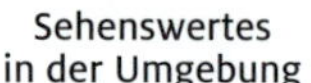

Taormina – mit seiner Umgebung – ist ein guter Ausgangspunkt für die Erkundung des ganzen Ostens der Insel. Von hier aus kann man wahlweise zu den Touren 4 oder 5 übergehen oder auch die drei Etappen von Tour 3 als Tagestouren gestalten. Im Umland finden sich originelle und nicht teure Unterkünfte. Die gesamte Ätna-Region ist in kurzer Zeit zu erreichen. Wer ganz hinauf will auf den Berg, sollte dafür einen ganzen Tag einplanen. Man fährt von Zafferana Etnea oder von Nicolosi hinauf bis zum Rifugio Sapienza, von dort geht es mit einer Seilbahn weiter, anschließend mit geländegängigen Bussen und einem ortskundigen Führer – je nach vulkanischer Aktivität mehr oder weniger weit. Das Erleben dieser weiten Vulkanlandschaft ist unvergesslich. Direkt vor der Haustür lädt die Alcantara-Schlucht zum Baden und Wandern ein. In den Ätnagemeinden bieten viele Winzer Kostproben ihrer Weine an.

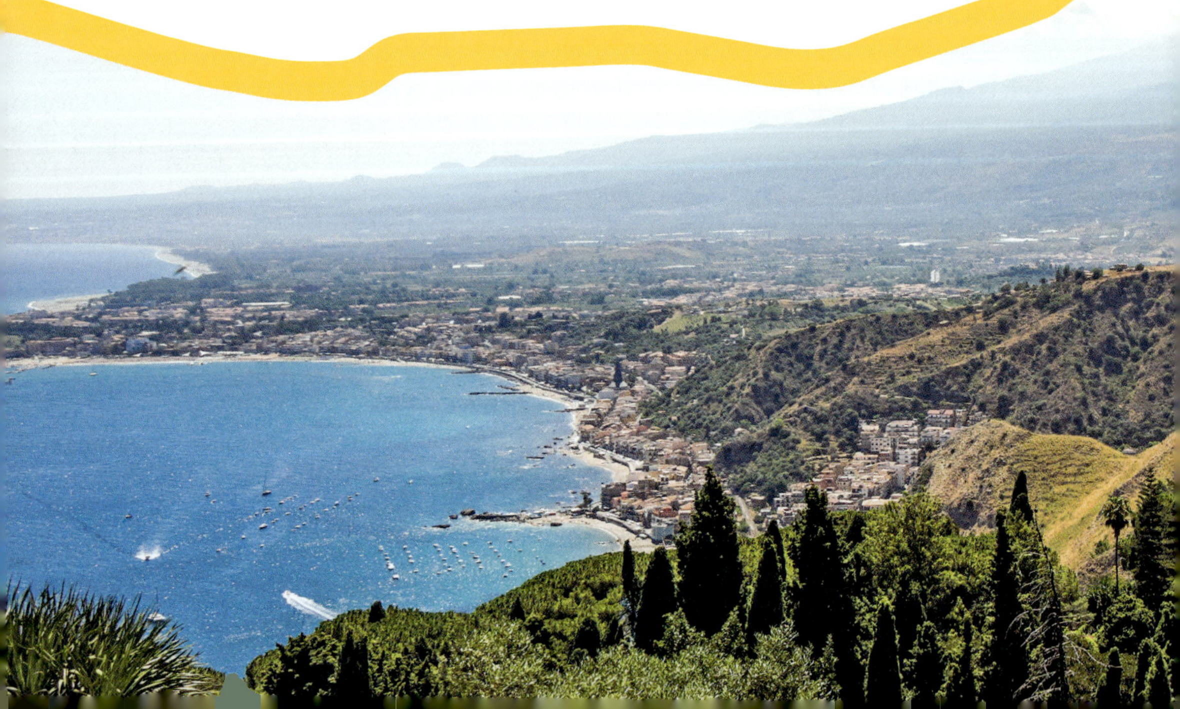

AUSFLUGSTIPP

Auch die Äolischen Inseln **Vulcano** und **Lipari** kann man im Rahmen einer Tagestour erkunden, wenn man früh aufsteht und nicht zu spät Milazzo erreicht, wo man das *aliscafo* (Tragflügelboot) um 9 Uhr nehmen muss. (Für die 90 km nach Milazzo sollte man zwei Stunden einrechnen.)

Capo di Milazzo

ZU DEN TOUREN 2 , 4 UND 5

In Taormina ist ein direkter Umstieg auf Tour 4 und 5 möglich. Tour 2 verläuft in der Nähe.

ETAPPE 3
Rund um den Ätna

↔ 138 km ca. 3½ Std.  

Diese Etappe führt Sie einmal um den Ätna herum, und sie ist in vielerlei Hinsicht ein einmaliges Erlebnis (am Wochenende auch eine beliebte Motorradroute). Der über 3000 m hohe Vulkan ist während der Fahrt je nach Perspektive mal zu sehen, mal versteckt er sich – und jedes Mal zeigt sich der Berg anders. Die Gegend ist von üppigen Gärten, Wäldern, und einer besonderen Vegetation geprägt, die der vulkanische Boden begünstigt. Ginster gedeiht auf dem gesamten Ätna-Gebiet. Auch Palmen sind in den Gärten häufiger zu sehen. Wein wächst hier und da, er gedeiht hier noch auf 700 m Höhe. Das Areal um den riesigen Vulkan ist heute ein Nationalpark. Der **Parco dell'Etna** umfasst ca. 60 000 ha.

*Der **Ätna** ist der größte Vulkan Europas und äußerst aktiv! Immer wieder gibt es größere Eruptionen, die vor allem in den 1990er- und 2000er-Jahren Zerstörungen mit sich brachten und die Gipfelregion völlig umgestalteten. An klaren Tagen kann man von oben die ganze Insel überblicken.*

Weitere Details in der ADAC Trips App

Egal ob Sie in **Taormina** oder einer anderen Stadt an der Zyklopenküste ihr Domizil aufgeschlagen haben, Startpunkt ist die Abzweigung von der SS 114 bei **Fiumefreddo** auf die SS 120, die Sie Richtung Westen führt, zunächst an der Nordflanke des Ätna entlang. Es geht durch eine Welt der Kontraste: Alte Dörfer mit einfachen Bauernhäusern wechseln sich ab mit schmucklosen Neubauten. Verfallene Gebäude grenzen direkt an liebevoll renovierte und frisch gestrichene Häuser. Ein Stück tadelloser Straße führt vorbei an Siedlungen, die dem Untergang und den Elementen preisgegeben sind. Überall werden alte Mauern aus Lavagestein von der Vegetation zurückerobert.

AM FUSSE DES VULKANS

Die Städte, durch die die SS 120 führt – Piedimonte Etneo, Linguaglossa und Randazzo –, sind jede auf ihre Art typische Ätna-Orte. Überall kann man vorzüglich essen und die *pasticcerie* laden zu süßen Ausschweifungen ein. Jeder der Orte hat seinen ursprünglichen Charme bewahrt.
Auch diese Route, die den Ätna »nur« umrundet, ist nicht flach, immer wieder steigt die Straße einen der Ausläufer des Kegels hinauf und eröffnet grandiose Blicke in die Gegend. Die unterschiedlichen Klimazonen am Berg sind klar zu erkennen. Linguaglossa liegt bereits auf 550 m, Randazzo auf 750 m Höhe. Je nach Zeit und Lust können

An den Hängen des Ätna wachsen verschiedene Weinsorten, bis über 700 m über dem Meer ist der Anbau möglich.

Sie noch eine Extratour auf den Ätna (S. 110) integrieren.

Linguaglossa (der Name beinhaltet das lateinische sowie das griechische Wort für »Zunge, Sprache«) ist mehr als nur ein malerisches Ätna-Städtchen, hauptsächlich aus Lavagestein errichtet. Von hier führt die Panoramastraße Mareneve hinauf und es werden verschiedene Ätna-Touren angeboten. Wer zufällig zum richtigen Zeitpunkt hier ist, kann zudem die Läuferinnen und Läufer des Ätna-Supermarathons anfeuern, die die Marathondistanz von der Küste bis auf den Gipfel auf 3000 m Höhe erlaufen und auch hier in Linguaglossa vorbeikommen. Auf dem Markt finden sich Pilze, Trüffel, Kastanien und unterschiedlichste Früchte.

Linguaglossa wurde im Lauf seiner Geschichte vom Vulkan und seiner Lava immer wieder bedroht, hier ist die Gefahr aus dem Erdinneren schon ganz nah. So ist auch der hl. Egidio (Ägidius), dem die Hauptkirche gewidmet ist, für den Schutz vor Vulkanausbrüchen verantwortlich.

Sobald Sie den Ort verlassen, führt Sie die SS 120 wieder durch die Garten- und Vulkanlandschaft, recht bald auch mit dem darüber thronenden Kegel des Ätna im Blick. Die Strecke ist zum

Die Panoramastraße Mareneve ist gut ausgebaut und führt über alte und neue Lavazungen. Bis Ostern sind hier Winterreifen Pflicht.

Blickt man vom Ätna auf das mittelalterliche Randazzo, rückt im Hintergrund das Gebirge der Peloritani in den Blick.

Genießen: Besonders eindrucksvoll sind natürlich die verschiedenen Ausblicke auf den Vulkan oder nach Norden, aber die kleinen Ortschaften an der Strecke, die ihren ländlichen Charme und ihre Bausubstanz aus früheren Jahrhunderten erhalten haben, sind ebenfalls echte Hingucker. Viele der Häuser sind ein- oder zweistöckig, aus Lava- und Sandstein erbaut und sehen aus, als wären sie aus einer historischen Postkarte herausgefallen. Immer wieder kann man jetzt auch einzelne frühere Lavaströme in der Landschaft erkennen. **Randazzo** ist die Ätna-Stadt schlechthin. So manches aus der mittelalterlichen Bausubstanz der Stadt – etwa die bekannte Via degli archi (Weg der Bögen) – ist noch zu sehen, und die Stadt ist ganz aus Lava gebaut. In den Straßen eröffnen sich immer wieder grandiose Blicke auf den Vulkan.

DER ENGLISCHE ADMIRAL

Hinter Randazzo bleiben Sie zunächst auf der SS 120, denn das nächste Ziel heißt **Castello Nelson**. Der Ort und seine Umgebung waren im 19. Jahrhundert eine Contea, also ein Herzogtum, das dem berühmten britischen Admiral Nelson für seine Verdienste mitsamt Ländereien geschenkt wurde. Zu sehen ist hier heute ein wunderbarer Garten und natürlich das Schloss selbst. Von der SS 120 geht nach ca. 10 km eine Abzweigung in Richtung Maniace (Ausschilderung)

Manchmal zeigt sich der Ätna von seiner feurigen Seite: Ausbruch des Südkraters im Valle del Bove.

Zafferana Etnea an der Ostseite des Vulkans wurde schon so manches Mal nur durch himmlische Kräfte vor der Lava gerettet.

ab, die zum Anwesen führt. Der Admiral hat leider niemals selbst sein Castello besuchen können. Eine Nachfahrin des erfolgreichen Feldherrn trat später ihr Erbe an. Doch sie musste beschwerlich mit einer Sänfte zum Schloss gebracht werden, weil es in dieser Gegend auch im 19. Jahrhundert noch keine befahrbaren Wege gab.
Um vom Castello nach Bronte zu gelangen, geht es ein Stück die SS 120 zurück und dann rechts ab Richtung Maletto auf die SP 159. Diese geleitet Sie auf die SS 284, die an der Westseite des Ätna entlangführt. **Bronte** ist die Stadt der Pistazien und man bekommt hier praktisch nichts serviert ohne sie – und das ist auch gut so, denn die Vielfalt, die die Pistazie in der Küche vollbringen kann, ist beeindruckend. Eine Mittagspause bietet sich also in dieser Stadt geradezu an. Natürlich kann man auch gleich ein paar Pistazien und Pistazienprodukte kaufen. Das Zentrum von Bronte ist ein verschachteltes mittelalterliches Ensemble, und sich ein wenig darin zu verlaufen, kann spannend sein.
Die SS 284 führt Sie nun immer am Rand des Ätna-Nationalparks weiter in Richtung Süden. Während sich das Ätna-Gebiet linker Hand ausbreitet, schaut man rechts weit ins Landesinnere: Hier erstreckt sich das mit Getreidefeldern überzogene Hügelland Siziliens, das Sie bereits auf unserer Tour 2 kennengelernt haben. An dieser Strecke wird die Gegend auch wieder etwas trockener, wie die zahlreichen Feigenkakteen *(fichi d'India)* in der Landschaft bezeugen.

 **Protosteria**

Ursprüngliche sizilianische Küche, im Herzen der Altstadt von Bronte.
Via de Luca Professor Placido, 22, 95034 Bronte

Würde man der SS 284 weiter folgen, käme man schließlich nach Catania. Doch diese Etappe zweigt bei Santa Maria di Licodia von der Staatsstraße ab auf die SP 160 (Ausschilderung »Ragalna«). Nun geht es durch Gartenanlagen und Felder, die mit kleinen Lavasteinmäuerchen abgegrenzt sind. Die Route führt über **Nicolosi** und Trecastagne an die Ostküste zurück. Nicolosi kann nicht verbergen, dass seine Bewohner vom Vulkantourismus leben. Von hier startet auch die SP 92 (S. 110), die über Refugio Sapienza nach Zafferana Etnea führt.
Hinter **Trecastagne** können Sie die Autobahn oder die SS 114 erreichen, die nach **Taormina** zurückführt. (Am besten

Ätna-Panoramastraße

folgt man der SP 4i nach Norden, Ausschilderung blau: »Acireale/Zafferana«). Mit einem kleinen Umweg an der SP 4i bzw. am Ausgang der SP 92 können Sie noch in **Zafferana Etnea** vorbeischauen. Der Ort wäre 1992 fast vom Ätna verschlungen worden. Doch die Stadt lebt auch von dem Vulkan, denn von hier führt die beliebte Panoramastraße nach oben zum Rifugio Sapienza. Die hübsche Piazza von Zafferana Etnea lädt zu einem abendlichen Spaziergang ein. Die Restaurantauswahl ist groß, ideal für einen kulinarischen Zwischenstopp. An den Ätna-Hängen der Umgebung ziehen sich große Kastanienwälder hinauf. Von Zafferana Etnea aus geht es über Santa Venerina ebenfalls zur Autobahnzufahrt Giarre bzw. zur SS 114.

PANORAMATOUR AUF DEN ÄTNA
Früh aufstehen lohnt sich. Denn den **Ätna** bei klarer Luft zu erleben, ermöglicht nicht nur einen traumhaften Weitblick, man hat die Straße auch eher für sich allein. Die SP 92 führt von Nicolosi aus über Rifugio Sapienza nach Zafferana Etnea. Die Strecke ist nur knapp 40 km lang (reine Fahrzeit 1 Std.), aber viele Punkte laden unterwegs zum Aussteigen, Fotografieren und Bewundern ein. Die gewundene Straße erklimmt den Berg bis auf 1880 m Höhe. Wer

Ätna
Offizielle Vulkaninfos und Webcam: www.ct.ingv.it

etwas mehr Zeit mitbringt, kann mit Seilbahn und Geländebus noch weiter hinauffahren. Aber auch um das Rifugio Sapienza herum gibt es gute Möglichkeiten für Wanderungen oder Spaziergänge, bei denen man die Atmosphäre des Vulkans erleben kann. Die Straße selbst ist durchgängig sehr gut zu befahren, auch wenn man im Winter und Frühjahr durchaus mit etwas Schnee rechnen muss. Der Südhang ist wärmer als die Nordseite.

DEN ÄTNA ERLEBEN

Weite Teile des Parco dell'Etna sind nur zu Fuß erreichbar – doch der Weg lohnt sich, denn nicht nur die vulkanische Landschaft ist spannend. In den unterschiedlichen Klimazonen, die am Berg aufeinander folgen, lebt auch eine einzigartige Vielfalt von Tieren und Pflanzen. Empfehlenswert ist eine geführte Tour mit Guide, der sich auskennt. Denn allein darf man nicht überall auf dem Ätna unterwegs sein. Außerdem ist eine Exkursion mit fachkundigen Erklärungen wesentlich interessanter. Für Kleidung, Vorbereitung und Fitness gilt: Der Ätna ist Hochgebirge. Trittsicherheit (Bergstiefel) und Kondition gehören dazu, auf Wetterwechsel muss man vorbereitet sein. Auch kennen die Guides die Gefahren, die von dem aktiven Vulkan ausgehen und die nicht unterschätzt werden dürfen.
Geführte Touren in deutscher Sprache gibt es z. B. bei EtnaWay (www.etnaway.com/de) in Taormina.

Außer dem Hauptkrater mit seinen Öffnungen (Bocche) hat der Ätna zahlreiche Nebenkrater.

TOUR 4

Im kontrastreichen Norden

Bergwelten, steile Küsten und Vulkaninseln im Mar Tirreno

Nördlich des Ätna erstrecken sich die Monti Peloritani und die Monti Nebrodi. Sie bilden eine eindrucksvolle und in Teilen alpine Bergwelt, die man auf einer Mittelmeerinsel so nicht erwarten würde. Vor der teils steilen Nordküste liegen die Liparischen Inseln, auch Eolie genannt, die vulkanischen Ursprungs sind. Unsere Tour 4 führt mitten hinein in diesen kontrastreichen Teil Siziliens.

Seite 121
Die Route entlang der Nordküste belohnt mit herrlichen Aussichten aufs blaue Meer wie hier bei Gliaca di Piraino.

Die Tour auf einen Blick

ORTE ENTLANG DER ROUTE

1. Taormina – Linguaglossa – Cesarò – Capo d'Orlando – Oliveri
2. Oliveri – Milazzo – Vulcano – Capo di Milazzo – Oliveri
3. Oliveri – Novara di Sicilia – Francavilla di Sicilia – Gole dell'Alcantara – Taormina

KILOMETER
ETAPPE 1: 226 KM
ETAPPE 2: 74 KM
ETAPPE 3: 88 KM

Navigation und GPX-Download

REINE FAHRTZEIT
ETAPPE 1: 4¼ STUNDEN
ETAPPE 2: 1½ STUNDEN
ETAPPE 3: 2¼ STUNDEN

ETAPPE 1

Von Taormina nach Oliveri

↔ 226 km ca. 4 ¼ Std.

Diese kontrastreiche Etappe steht ganz im Zeichen einer abwechslungsreichen Bergwelt und führt am Ende an die Nordküste, an der die Berge eine eindrucksvolle, teilweise schroffe Küstenlandschaft bilden.

BERGPANORAMA SATT

Ausgangspunkt ist wieder Fiumefreddo bei **Taormina**, wo auch die SS 120 startet (S. 100). Über Piedimonte Etnea geht es nach **Linguaglossa** hinauf. Dort verlassen Sie die SS 120 und biegen im Ort nach links auf die Strada Provinciale Mareneve ein (braune Schilder »Etna nord«). Außerhalb von Linguaglossa folgt alsbald die Abzweigung Richtung Westen (blaue Schilder »Adrano, Bronte«). Dieser gut ausgebauten Panoramastraße (Via Mareneve) folgen Sie, bis Sie auf die SS 284 gelangen. Rechter Hand bieten sich nun über die gesamte Fahrt Ausblicke auf die **Monti Peloritani** sowie auf die Ausläufer der Monti Nebrodi. Beide Gebirgsketten sind wahre Wolkensammler – ein Schauspiel, das sich hier oft sehr gut beobachten lässt. Die Monti Peloritani erreichen eine Höhe von über 1300 m, die **Monti Nebrodi** können mit Gipfeln von über 1800 m Höhe aufwarten. Geologisch betrachtet handelt es sich um die Fortsetzung des Apennins, der sich über die italienische Halbinsel erstreckt, in Kalabrien das Bergmassiv des Aspromonte bildet und hier in Sizilien schließlich seinen Abschluss findet. Vor allem die Monti Peloritani sind durch Schluchten und Flüsse geprägt, die entlang tiefer Einschnitte in der Landschaft Richtung Mittelmeer fließen *(fiumare)*. Alte Versorgungswege der Landbevölkerung (ital. *trazzere*) erschlossen schon früh diese teils schroffe Bergwelt. Heute werden diese Pfade gerne als Wanderwege genutzt und es gibt zahlreiche italienische und deutsche Wanderreiseführer, die entsprechende Routen vorschlagen.

AN DEN HÄNGEN DER NEBRODI

Die Via Mareneve trifft, wie bereits erwähnt, auf die SS 284. Hier biegen Sie rechts ab, um kurz danach wieder nach links auf die SS 120 zu gelangen (blaues Schild »Cesarò«). Die Straße steigt stetig an, denn Cesarò liegt bereits auf 1150 m Höhe. Nun öffnen sich neue Ausblicke auf die Monti Nebrodi sowie ins Landesinnere. Den Ätna hat man immer wieder im Rückspiegel. In Cesarò ist Sant'Agata di Militello bereits ausgeschildert und man gelangt problemlos auf die SS 289, die mit einem Pass auf 1524 m Höhe die Monti Nebrodi überwindet.

Von den Nordhängen des Ätna eröffnet sich ein Panoramablick auf die Monti Peloritani – die Fortsetzung des Apennin auf Sizilien.

*Der **Parco Naturale dei Nebrodi** ist das größte Naturschutzgebiet Siziliens. Zugleich ist es auch die regenreichste Gegend der Insel.*

Weitere Details in der ADAC Trips App

Es lohnt sich, in **Cesarò** einen Zwischenstopp einzulegen. Denn von hier bietet sich noch einmal ein erstklassiger Blick auf den Ätna. Überragt wird der Ort von einer Christusstatue: Cristo Signore della Montagna. Die Reste eines Castello zeugen von der Gutsherrschaft der Adelsfamilie Colonna, die früher die gesamte Gegend kontrollierte.

Die Fahrt auf der SS 289 durch das Gebiet des **Parco Naturale dei Nebrodi** (www.parcodeinebrodi.it) ist ein einzigartiges Erlebnis, hinter jeder Kurve wartet eine neue spektakuläre Aussicht. Hinter Cesarò ist das Gebiet auch bewaldet. Neben Nadelbäumen wachsen in dieser Umgebung Buchen und in großer Zahl Steineichen.

An der **Portella Femmina Morta** erreicht die Straße ihren höchsten Punkt (1524 m). Von hier geht auch eine Stichstraße Richtung Monte Soro ab, dessen Gipfel bis auf 1847 m aufragt. Manchmal befindet sich an der Kreuzung ein Verkaufsstand mit Obst, Käse und Getränken. Typisch für die Monti Nebrodi sind zum Beispiel Nüsse, *provola* (*caciocavallo*, ein Kuhmilchkäse), *salume* (Wurst) sowie das typische Brot aus Hartweizengrieß *(grano duro)*, den die Bergbewohner hier verarbeiten – und der auch für klassische italienische Pasta verwendet wird.

HINAB ZUR KÜSTE

Nach dem Pass beginnt die lange und kurvenreiche Abfahrt. Hier gibt es nun größere Waldflächen – zwischendrin warten aber stets Aussichtspunkte. Hinter San Fratello kommt das Meer in Sicht und die Straße führt jetzt zügig zur Küste hinunter. Die SS 289 mündet

Der Lago Biviere im Parco Naturale dei Nebrodi ist umgeben von dichter Vegetation vor den Hängen der Monti Nebrodi.

Direkt am Meer führt die SS 113 entlang und umrundet Capo d'Orlando mit Leuchtturm.

Cesaró auf knapp 1200 m Höhe kann mit bestem Ätna-Blick aufwarten.

in die SS 113 (blaues Schild »Messina«), deren Ausschilderung Sie einfach immer weiter folgen. Denn auf der Staatsstraße lässt sich der malerische Küstenstreifen viel besser erleben als auf der Autobahn.

Zunächst geht es durch **Sant'Agata di Militello** hindurch, eine eher industriell geprägte Stadt mit einem größeren Fischereihafen, dann über eine *fiumara*, ein trockengefallenes Flussbett, das sich nur im Frühjahr mit dem Wasser aus den Bergen füllt. Und die Route führt weiter durch Gärten und Felder. Dass die Nordküste gut mit Regenwasser versorgt wird, erkennt man sofort. Verantwortlich dafür sind die Berge, die wir gerade hinter uns gelassen haben. Das Wasser ist gut für die zahlreichen Zitronenplantagen, die hier gedeihen. Vor Capo d'Orlando zeichnen sich bereits die Eolie (Liparischen Inseln) am Horizont ab.

Die vielen Neubauten in **Capo d'Orlando** zeugen davon, dass der Ort ein beliebter Hotspot für Badeurlauber ist – vor allem für Italiener. Der Strand hat körnigen Sand zu bieten, das tyrrhenische Meer lädt zum Baden und Entspannen ein. Der Ort an sich ist jedoch nicht besonders sehenswert, deshalb machen wir uns gleich auf zum nächsten Ziel.

Blick auf Capo d'Orlando: Einst ein verschlafenes Fischernest, ist der Ort heute eines der beliebtesten touristischen Zentren auf der Insel.

Die Küste bei Capo d'Orlando und Oliveri ist im Sommer ein vor allem bei Italienern beliebtes Urlaubsgebiet.

ZUR SCHWARZEN MADONNA

Die SS 113 führt nun immer direkt am Meer entlang, u. a. vorbei an Gliaca di Piraino. Teilweise glaubt man, über dem Tyrrhenischen Meer zu schweben, während rechter Hand die Felsen aufragen. Erst bei **Tindari** verlassen Sie den Küstenstreifen für eine Weile, um den Gegebenheiten des abwechslungsreichen Terrains zu folgen. Kurven fahren ist angesagt, zwischendurch blickt man immer wieder in einen Abgrund oder aufs offene Meer. Grund dafür sind die Flüsse aus den Monti Peloritani, die auch tiefe Schluchten gegraben haben. Kurz vor Oliveri erreichen Sie die Wallfahrtskirche, das **Santuario di Tindari** mit der schwarzen Madonna. Die Madonna wird in dem mit grellen Farben ausgestalteten Heiligtum glühend verehrt. Blickt man nach unten aufs Meer, sind die Sandbänke und der weite Strand von Tindari gut zu erkennen. Die Sandbänke reichen hier weit hinaus und bilden eine ganz besondere Küstenlandschaft, die die Italiener das *mare secco*, trockenes Meer, nennen. Tindari ist von der SS 113 ausgeschildert und leicht zu finden. Ein großer Parkplatz empfängt die Pilger (weltliche wie spirituelle).

Ihr Ziel dieser Etappe ist **Oliveri**, ein unverbauter Küstenort mit einem der interessantesten und schönsten Sandstrände (siehe Umsteigepunkt S. 124) dieser Gegend. Es sind genau die Strände, die Sie schon von oben am Santuario di Tindari bewundern konnten.

*In der Wallfahrtskirche von **Tindari** wird die Statue der Schwarzen Madonna verehrt; der Blick von hier oben auf die Sandbänke ist ein beliebtes Postkartenmotiv. Die imposanten Ruinen der antiken Stadt Tyndaris wurden teilweise freigelegt.*

Weitere Details in der ADAC Trips App

UMSTEIGEPUNKT
OLIVERI

Sehenswertes
in der Umgebung

Der Badeort Oliveri als Urlaubsdomizil bietet viele Vorzüge. Die Autobahn A 20 erlaubt die schnelle Anbindung an Palermo oder Taormina/Catania. Auch zu den Liparischen Inseln ist es nicht weit. Man kann von hier zudem die Etappen der Tour 5 (S. 136) erreichen, die die Nordküste mit Hinterland erschließen. Die Fahrt nach Palermo dauert ca. zwei Stunden, sodass auch ein Umstieg zu Tour 1 (S. 26) möglich ist. Ein Tagesausflug nach Cefalù bietet sich ebenfalls an. Die touristische Infrastruktur ist hier und in den angrenzenden Gemeinden gut, es gibt viele *agriturismo*-Betriebe. Unschlagbar sind die Sandbänke unterhalb von Tindari, die von Oliveri aus zu erreichen sind – allerdings nur zu Fuß, was die Riserva Naturale vor Überfüllung schützt.

AUSFLUGSTIPP

Ein lohnender Abstecher von Oliveri aus bietet sich nach **Cefalù** an. Der alte Normannenort hat sich zu einem der beliebtesten Ferienorte auf Sizilien gemausert und doch seinen mittelalterlichen Charme bewahrt. Ein sehr guter Strand sowie die großartige Kathedrale mit ihren Goldgrundmosaiken erwarten die Besucher dort.

Strand von Cefalù

ZUR TOUR 5

Tour 4 und 5 überschneiden sich in Oliveri. Ein Umstieg bietet sich an.

Die Küste von Oliveri – ein Magnet für Sonnenhungrige

ETAPPE 2

Über Milazzo nach Vulcano

⟷ 74 km ca. 1½ Std.   

Nur eine halbe Stunde dauert die Fahrt von **Oliveri** nach Milazzo, und man kann getrost die Autobahn A 20 nehmen (Ausfahrt »Milazzo Eolie«), die unmittelbar am Meer entlangführt. **Milazzo** empfängt Reisende mit zwiespältigen Bildern: Industrieanlagen und Raffinerien tauchen auf, aber auch das mittelalterliche Kastell, das wie eine Kreuzfahrerburg die Stadt überragt. Von Milazzo aus starten die Fähren und Tragflügelboote *(aliscafi)* auf alle Liparischen Inseln (Eolie), die seit dem Jahr 2000 zum UNESCO-Welterbe zählen. Diese Etappe führt Sie für einen Tag auf die Insel **Vulcano**. Das Auto bleibt derweil auf einem der Parkplätze in Milazzo. Auf Vulcano geht alles zu Fuß – oder per E-Bike bzw. Roller, die man vor Ort ausleihen kann. (Die Mitnahme von Pkw unterliegt Beschränkungen – sie lohnt sich für einen Tagesausflug definitiv nicht.)

__Vulcano__ und die Halbinsel Vulcanello gehören zu Siziliens geologisch jüngsten Formationen. Der Gran Cratere war Ende des 19. Jahrhunderts noch aktiv.

Weitere Details in der ADAC Trips App

Die Insel liegt etwa 20 km von der Nordküste Siziliens entfernt. Der Hauptkrater der Vulkaninsel war Ende des 19. Jahrhunderts noch überaus aktiv und spie Lava. Der französische Schriftsteller Guy de Maupassant unternahm 1885 eine Sizilienreise (was damals noch als kühnes und abenteuerliches Unterfangen galt) und bestiegt sogar den Gran Cratere, über dessen Aktivität er berichtete.

IM SCHWEFELNEBEL

Wie damals befindet sich auch heute noch der Kraterrand auf ca. 400 m Höhe. Er ist problemlos auf einem Wanderweg zu erreichen – ein Spaziergang, der sich lohnt! Denn hier bekommt man nicht nur einen Ausblick zu sehen, der mit jedem Höhenmeter spektakulärer wird, sondern auch die unterschiedlichen Gesteinsarten des Vulkans: Neben Lava und Bims führt der Weg auch über ausgewaschenen Tuffstein. Oben angekommen kann man in den Krater hineinsehen, Lava ist jedoch nicht mehr vorhanden. Lediglich Schwefeldämpfe steigen von den Kraterwänden auf, ein intensiver Geruch steigt in die Nase. Ein Pfad führt rund um den gesamten Krater.
Um die weitere Insel zu erkunden, ist eine Vespa oder ein E-Bike die beste Lösung. Die SP 179 führt zum Monte Saraceno und zum Ort Vulcano Piano, dann weiter in langen Serpentinen bis an die wenig besuchte Südküste, wo ein weißer Leuchtturm wartet.

Vom Gran Cratere, der mit einer kurzen Wanderung erreichbar ist, blickt man auf die anderen Liparischen Inseln.

Vulcanello, der kleine Nebenkrater von Vulcano, entstand erst im Jahr 180 v. Chr. und wartet mit bizarren Lavaformationen auf.

Auf derselben SP 179 kehren Sie auch wieder zum Ausgangspunkt zurück. Direkt neben der Anlegestelle für die Aliscafi befindet sich ein schwefelhaltiger Schlammtümpel (Fanghi di Vulcano), in den Gesundheitsbewusste gerne eintauchen, gelten diese Fango-Bäder doch als gesund für Haut und Gelenke. Direkt daneben befindet sich der Strand Spiaggia delle Acque Calde – hier heizt die Kraft des Vulkans das Meerwasser direkt auf, kleine Bläschen steigen im Wasser auf. Auch der schwarze Sand erwärmt sich in der Sonne sehr schnell. Die SP 179 führt über den Ort Vulcano Porto weiter nach **Vulcanello**, einer Halbinsel, die sich erst in der Römerzeit, Anfang des 2. Jahrhunderts v. Chr., aus dem Meer erhob. Hier führt die Straße durch Garten- und Ferienanlagen. An der Westseite erstreckt sich die Spiaggia delle sabbie nere, ein schwarzer Sandstrand. Ganz am Ende von Vulcanello führt ein Fußweg zum **Valle dei Mostri**, zum Tal der Monster – mit bizarr erstarrten Lava-Gestalten, die tatsächlich ein wenig an Monsterwesen erinnern.

Zurück in Vulcano Porto bietet sich die größte Auswahl an Restaurants auf der Insel für eine kulinarische Verschnauf-

Ristorante Malvasia Vulcano

Hier gibt es u. a. *pane cunzato* (belegtes Brot) – üppig belegt und sehr lecker.
Via degli Eucaliptus, Vulcano Isole Eolie, www.ristorantemalvasiavulcano.it

pause an– hier können Sie auch eine Vulcano-Spezialität genießen: *pane cunzatu*, wie es die Sizilianer nennen. Dabei handelt es sich um ein flaches aufgeschnittenes Brot, überreichlich mit Tomaten und roten Zwiebeln, Sardellen, Kapern und Käse (Mozzarella) belegt. Apropos Kapern: Die Capperi di Vulcano gelten als Delikatesse. Sie werden von Hand geerntet und heutzutage auch biologisch angebaut.

DER SCHWEFEL-BARON

Zum Schluss können Sie noch einen Blick in die Vergangenheit werfen, denn nahe beim erwähnten Schwefelschlamm-Tümpel befindet sich das **Castello dell'Inglese**, das einstige Domizil von James Stevenson, dem »Engländer« (eigentlich war er Schotte), der im 19. Jahrhundert die Insel kaufte und Schwefel abbauen sowie Landwirtschaft betreiben und Aufforstungen vornehmen ließ. Maupassant wusste von ihm (der britische Spätaufsteher schlief aber noch, als der Dichter auf die Insel kam). Der Vulkanausbruch von 1888 bis 1891, der gewaltig war, zerstörte das Werk des Schotten. Sein Haus mit den Zinnen am Dach beherbergt heute die **Geoterme Vulcano** mit Shop und Ticketverkauf für das Schlammbad, inklusive Sonnenschirm- und Liegenverleih für die *acque calde*. Eine Tafel erinnert an den Schwefel-Pionier.
Am Nachmittag/Abend kehrt das Tragflächenboot *(aliscafo)* oder die Fähre *(traghetto)* nach Milazzo zurück. Das letzte Schiff des Tages ist die große Fähre nach Milazzo. Wenn Sie noch Lust und Energie haben, lohnt sich anschließend noch ein Abstecher an das **Capo di Milazzo**. Dazu folgen Sie der Straße an der Ostküste (wo auch das Schiff anlegt) Richtung Norden (SP 72 bis). Die Straße führt zunächst an einer mit Baumalleen und Palazzi des 19. Jahrhunderts gesäumten Promenade entlang, dann aus der Stadt hinaus auf eine abwechslungsreiche Küstenstraße. Diese geht auf die SP 74 über und führt bis zum Leuchtturm von Milazzo (Faro di Capo Milazzo), der zwischen Olivenbaumplantagen aufragt. Zurück nach Milazzo und anschließend Richtung Autobahn oder SS 113 geht es ebenfalls über die SP 72.
Am Capo Milazzo soll übrigens der hl. Antonius von Padua Schiffbruch erlitten haben. 2021 wurde mit einem Teil seiner Reliquie der Schiffbruch nachgestellt, um in der Corona-Krise Zuversicht zu stiften.

Capo di Milazzo

ETAPPE 3

Von Oliveri nach Taormina

 88 km ca. 2¼ Std.  

Die erste Etappe dieser Tour ließ Sie die Monti Nebrodi an die Nordküste erkunden. Die dritte Etappe führt Sie nun zurück nach Taormina an der Ostküste – über eine interessante Berg- und Panoramastraße durch die Monti Peloritani, die über Novara di Sicilia verläuft und eine Passhöhe von 1125 m bei Portella bzw. Sella Mandrazzi überwindet. Bei Francavilla di Sicilia erreicht die Route den Fluss Alcantara, dessen *gole* (Schluchten) zu den bekanntesten Naturschönheiten Siziliens gehören.

WASSERREICHE BERGE

Von **Oliveri** geht es zunächst auf die SS 113 Richtung Messina. Die SP 106 führt aus dem Ort hinaus (dem kleinen grünen viereckigen Hinweisschild zur Autobahn folgen, die SP 106 führt unter der Autobahn hindurch). Gartenanlagen, Palmen und Zypressen bieten ein üppiges grünes Bild an der Strecke, sobald Sie den Ort hinter sich lassen. Sie folgen dann den blauen Schildern Richtung Messina (und biegen nicht auf die Autobahn ab).

Wohngebäude wechseln sich nun mit Gewächshäusern ab. Wenn rechts neben Ihnen eine stählerne Eisenbahnbrücke auftaucht, haben Sie das Bett des Torrente Mazzarra erreicht. Kurz danach geht es links ab (blaues Schild »Novara di Sicilia«; das Schild ist leider etwas verbogen). Die Straßenführung ist hier typisch sizilianisch: Denn die Straße macht gleich nach der Abzweigung einen U-Turn, um dann Richtung Süden immer am Torrente entlangzuführen und langsam in die Berge anzusteigen. Im Sommer und Herbst werden Sie den **Torrente Mazzarra** wohl als ein trockenes Kiesbett antreffen. Dennoch ist er und andere *torrenti* (wovon es hier an der Nordküste besonders viele gibt) äußerst wichtig für den Wasserablauf, muss er doch große Wassermassen im Winter und Frühjahr sowie bei Starkregen aufnehmen. Erst im Dezember 2022 schwoll der *torrente* zu einem reißenden Fluss an. Dass in Trockenperioden der *torrente* auch gerne als illegale Deponie für Bauschutt verwendet wird, ist gefährlich, nicht nur für die Umwelt, sondern auch für die angrenzenden Gemeinden, deren Hochwasserschutz auf diese Weise ernsthaft bedroht ist.

AUF DER PASSSTRASSE

Bei der nächsten ausgeschilderten Abzweigung geht es dann links hinauf auf die SS 185 (»Francavilla S, Novara di Sicilia«). Für die folgenden 50 km bleiben Sie auf dieser Straße. Herrlich führt die Route nun immer am Berghang entlang parallel zum *torrente*, und schon

Die ausgetrockneten Flussbetten in den Bergen Siziliens können sich bei Regengüssen schnell in reißende Sturzbäche verwandeln.

Novara di Sicilia, ein idyllisches Bergdorf, das sich seinen typischen Charakter eines mittelalterlichen Ortes bewahrt hat

bald eröffnen sich die ersten Aussichten auf die Berge, auf die man zusteuert. Die Ebene des *torrente* wird intensiv genutzt: Baumschulen, Olivenbaumplantagen und Gewächshäuser reihen sich bei Mazzarra Sant'Andrea aneinander. Je höher die Straße hinaufklettert, umso besser ermöglichen sich Blicke ins Tal (immer noch mit dem *torrrente*) und bald sind bewaldete Gebiete erreicht. Mit **Novara di Sicilia** erreichen Sie 650 Höhenmeter. Der landwirtschaftlich geprägte Ort hat normannische Ursprünge und ist ein uriges Bergdorf, das das Tal überblickt. Kein Wunder also, dass hier auch die Reste einer Burg warten. Eine Wassermühle aus alten Zeiten (Mulino ad acqua Mulinaro) kann besichtigt werden (Parken am besten entlang der SS 185, bei dem kleinen Platz mit Heiligenfigur geht es auf der Via Giovanni Segentini in den Ort hinunter).
Bei der Passhöhe **Sella Mandrazzi** erreichen Sie mit 1125 m die höchste Stelle dieser Straße. Sehr kurvenreich, aber auch interessant geht es nun hinab nach Francavilla di Sicilia. Sobald es wieder lichter wird, prägt Viehzucht die Landschaft. Achtung: Es können auch Kühe auf der Straße stehen.
Sie passieren unterwegs eine Reihe von verlassenen Dörfern, die meisten sind von der SS 185 gut zu sehen – wie etwa Borgo Piertrapizzuta oder **Borgo Schisina**. Dabei handelt es sich allerdings nicht um alte Dörfer, vielmehr

sind sie Teil eines völlig misslungenen Siedlungsprojekts aus den 1950er-Jahren. Die wunderbare Idee dahinter: Die Agrarreformen, die die Landbevölkerung von den Lasten des Latifundienwesens befreien sollten, sahen auch vor, dass die Bauern neues Land erhielten und näher an ihren Agrarflächen leben sollten. Allerdings weigerte sich eine Gruppe von Bauern, die zugelosten Flächen zu akzeptieren. An irgendeinem zugewiesenen Ort wollte kaum jemand leben. Die am Reißbrett entstandenen Siedlungen (einschließlich Schule, Krankenhaus, Carabinieri-Station usw.) blieben unbewohnt. Dabei hätte Borgo Schisina eine prächtige Aussicht auf den Ätna und – direkt vom Kirchenplatz aus – die umliegende Bergwelt zu bieten gehabt.

ZUR ALCANTARA HINAB

Die SS 185 bringt Sie nun nach **Francavilla di Sicilia**. Ein kleiner Ortskern wird hier von einer weiten Reihe von Neubausiedlungen umgeben. Auch dieser Ort lebt ganz von der Landwirtschaft sowie vom Handwerk. Am Südrand des Dorfes erreichen Sie bereits den Fluss Alcantara. Er fließt hier mit großer Geschwindigkeit über mehrere Stromschnellen und bildet kleine Wasserfälle und Strudel, die Gurne dell'Alcantara genannt werden.

Das am Reißbrett geplante Borgo Schisina und seine Satelliten-Dörfer wurden von der ländlichen Bevölkerung nicht angenommen und sind heute Geisterstädte.

*Eine Naturschönheit: Bei den **Gole dell' Alcantara** hat der Fluss Alcantara (arab. die Brücke) eine enge Klamm in den Fels gewaschen.*

Weitere Details in der ADAC Trips App

Folgen Sie der SS 185 einfach weiter (die Ausschilderung lautet hier »Giardini Naxos«). Die Straße folgt nun immer dem Fluss Alcantara, bis sich rechter Hand der Eingang und der Parkplatz der **Gole dell'Alcantara** auftun (sie sind nicht zu übersehen). Ein kurzer Fußweg führt hinunter ans Wasser. Die Berühmtheit der Gole ist berechtigt. Das Wasser hat hier eine tiefe Schlucht in das Gestein gegraben (gut zu erkennen ist das uralte hellgraue Basaltgestein). Die Stelle ist bei Badenden beliebt. Doch machen Sie sich darauf gefasst: Das Wasser ist auch im Sommer eiskalt, vor allem wenn man sich der engen Felsschlucht nähert, wo das Wasser tiefer ist.

Bei Giardini Naxos führt die SS 185 auf die Küstenstraße SS114, über die man nach **Taormina** gelangt.

Tipp: Wer die gurgelnden Schluchten der Alcantara wirklich hautnah erleben möchte, nimmt an einer geführten Trekking-Tour teil. Mit Anglerhosen oder im Neoprenanzug und mit Helm führt Sie dabei ein kundiger Guide durch die Fluten und über die Stromschnellen. Es gibt mehrere Anbieter, die solche Touren im Programm haben, darunter www.sicily-adventure.it.

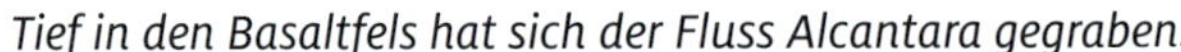

Tief in den Basaltfels hat sich der Fluss Alcantara gegraben.

Die Isola Bella bei Taormina ist durch eine schmale Sandbank mit dem Strand von Mazzarò verbunden.

TOUR 5

Entlang der steilen Klippen

Von Messina nach Palermo entlang der Nordküste

Die Küste im Norden ist geprägt von zum Teil hoch aufragenden Bergen im Hinterland – diese Tour verläuft demzufolge größtenteils am Meer. Felsvorsprünge und steinige Strände wechseln sich ab mit wenigen Sandbänken. An der Meerenge von Messina kann man einen Blick aufs Festland werfen. Ein kultureller Höhepunkt Siziliens ist die normannische Stadt Cefalù mit ihrem Dom. Die letzte Etappe führt noch einmal in die Berge, in die Madonie mit ihren Burgen und Felsennestern.

Seite 138

Nördlich von Taormina verläuft die Strecke entlang der Meerenge von Messina und bietet immer wieder Gelegenheiten für Abstecher mit Haarnadelkurven.

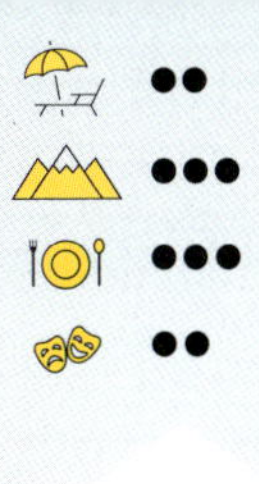

DIE TOUR AUF EINEN BLICK

ORTE ENTLANG DER ROUTE

1. Taormina – Messina – Barcellona Pozzo di Gotto – Caronia – Santo Stefano di Camastra – Castel di Tusa

2. Castel di Tusa – Pettineo – Castel di Lucio – Mistretta – Nicosia – Gangi – Castelbuono – Cefalù

3. Cefalù – Cerda – Caccamo – Termini Imerese – Trabia – Bagheria – Palermo

KILOMETER
ETAPPE 1: 220 KM
ETAPPE 2: 160 KM
ETAPPE 3: 107 KM

Navigation und GPX-Download

REINE FAHRTZEIT
ETAPPE 1: 4 STUNDEN
ETAPPE 2: 3¾ STUNDEN
ETAPPE 3: 3 STUNDEN

ETAPPE 1

Von Taormina nach Castel di Tusa

↔ 220 km  ca. 4 Std.

Mit der Fahrt von **Taormina** auf der SS 114 Richtung Norden (Messina) starten Sie in diese Etappe, deren erstes Highlight der Stretto (Meerenge) di Messina ist. Die Straße ist keine Strecke für Schnellfahrer, denn sie windet sich über dem Meer von Klippe zu Klippe. Dicht an dicht reihen sich Pensionen, kleine Orte und Hotels aneinander, daher sind hier jede Menge *motorini* und Fußgänger auf der Straße unterwegs. Landschaftlich ist die Straße jedoch ein Erlebnis, mit immer neuen Aussichten aufs Meer, unerwarteten Felsvorsprüngen und immer wieder das bergige Hinterland der Monti Peloritani. Manchmal führt die Straße auch über *torrenti* (breite Abflussrinnen, die sich im Herbst oder Frühjahr schnell mit viel Wasser aus den Bergen füllen). Die SS 114 geleitet Sie bis nach **Messina** hinein, führt vorbei am Hafen mit dem Kai für Fähren nach San Giovanni (dem Ankunftshafen in Kalabrien) sowie dem Terminal für Kreuzfahrtschiffe. Von hier blickt man auch auf die Madonnenstatue am Hafeneingang, die der Stadt ihren Segen schenkt. Ganz in der Nähe finden sich der Dom und die Innenstadt von Messina. 1908 weitgehend vom Erdbeben zerstört, wurde die Stadt wieder errichtet und manches konnte aus dem Schutt geborgen werden. Dem Dom ist die Rekonstruktion deutlich anzusehen.

__Messina__, 1908 von einem Erdbeben zu großen Teilen zerstört und im Zweiten Weltkrieg beschädigt, ist heute moderne Universitätsstadt. Messina hat sich dennoch seinen Charme bewahrt, und so manches historische Kleinod lässt sich auch heute noch entdecken.

Weitere Details in der ADAC Trips App

AN DER MEERENGE VON MESSINA

Außerhalb der Stadt kommt Kalabrien und somit das italienische Festland in greifbare Nähe. Das Gebirge, der Aspromonte, erhebt sich unmittelbar hinter der Küste jenseits der Meerenge. Nicht selten schwebt über den Bergen eine Wolkenkrone. Entlang der Strecke lässt sich nun die Meerenge **Stretto di Messina**, die zusehends schmaler wird, erleben und beobachten. Für die Segelschifffahrt war die Meerenge immer ein schwieriges Gewässer, denn nicht nur Winde und die nahen Felsküsten erschweren die Navigation. Zwischen dem Tyrrhenischen und dem Ionischen Meer, die hier aufeinandertreffen, lauern wechselhafte Strömungen, die ihren Sog entfalten.

An der Meerenge vor Messina zeichnet sich die kalabrische Küste deutlich am Horizont ab. Eine Brücke über den gut 3 km breiten Stretto gibt es bis heute nicht, auch wenn sie lange geplant war.

An der Hafeneinfahrt von Messina steht eine Säule mit einer Skulptur der Madonna, der Schutzpatronin der Stadt.

Diese Schwierigkeiten für die Schifffahrt haben wahrscheinlich auch Homer zu seiner Darstellung der beiden Ungeheuer Skylla und Charybdis angeregt, zwischen denen Odysseus hindurchnavigieren muss.
Auch ein modernes unsichtbares Ungeheuer gibt es hier, nämlich den lange geplanten und sorgfältig ausgearbeiteten, aber nie realisierten **Ponte sullo stretto di Messina**: eine gigantische Brücke über den Stretto, mit Straße und Bahntrasse, 65 m über dem Meer und zwei 383 m hohen Brückenpfeilern. Noch 2005 sollte die Brücke endlich gebaut werden. Die Ingenieure glaubten, alle Probleme gelöst zu haben. Doch 2012/13 wurde das Projekt abermals gestoppt, die Baugesellschaft aufgelöst. Ob die Pläne jemals wieder aufgegriffen werden und ob die Brücke überhaupt sinnvoll ist, darüber scheiden sich die Geister beiderseits der Meerenge.
Der beste Ort für eine Brücke ist der Stretto jedenfalls nicht. Denn Sizilien dreht sich und entfernt sich langsam aber sicher vom italienischen Festland. Das Gebiet besitzt ein hohes Erdbebenrisiko. Winde und Strömungen sind gewaltig. Somit wäre die Brücke ein endloses Bauprojekt, an dem ständig nachgebessert werden müsste.
Auf der Strecke (die hier bereits »SS 113 dir« heißt) lohnt es sich, kurz nach Punta Faro abzubiegen (weißes Ortsschild). Auf diese Weise gelangen Sie an die äußerste Nordspitze Siziliens mit einem ausgedienten Strommast. Zu seinen Füßen breitet sich ein Badestrand aus. Nun befinden Sie sich tatsächlich an dem Punkt der Insel, der dem Festland am nächsten ist. Die Staatsstraße führt ganz um das Kap herum und gelangt schließlich an die Nordküste, wo sie zur SS 113 wird.
Im Stretto wird übrigens immer noch nach Schwertfisch *(pesce spada)* gejagt, und zwar auf mehr oder weniger traditionelle Weise. Lange Metallausleger vorne am Boot erlauben die Sichtung der Beute (daran sind die Schiffe sofort zu erkennen). Sobald der Fisch nahe der Wasseroberfläche ist, wird er harpuniert.

EIN GARTEN VOLLER FANTASIE

Die Route nähert sich nun Milazzo und Capo di Milazzo (S. 129). Für diese Etappe fahren Sie aber weiter nach **Barcellona Pozzo di Gotto**: eine Stadt die ganz im Zeichen des Obst- und Gemüseanbaus steht. 2022 wurde sie

Fischerboot vor Messina

Der Künstler Mariano Pietrini schuf die eigenwilligen Skulpturen im Parco e Museo Jalari, der Besucher zu einem Selbsterfahrungs-Rundgang einlädt.

durch eine Flutwelle aus den Bergen stark in Mitleidenschaft gezogen. Der Torrente Longano, der eng eingegrenzt mitten durch die Siedlung führt und meist ausgetrocknet in der Sonne döst, wurde urplötzlich zu einem reißenden Sturzbach, trat über die Ufer und richtete erhebliche Schäden an – nicht zum ersten Mal.

Ein interessanter Abstecher von Barcellona Pozzo di Gotto aus ist ein Ausflug zum **Parco e Museo Jalari**. Diese privat aufgebaute Mixtur aus Skulpturenpark, *agriturismo* und Museum zeigt nicht nur den Erfindungsreichtum der Sizilianer, sondern dokumentiert auch das Leben und Wirtschaften früherer Zeiten. Auch essen kann man hier gut. Um dorthin zu gelangen, biegt man von der SS 113 bei der großen Kreuzung mit der Via San Giovanni Bosco (SP 75), links ab. Jalari sowie Maloto sind ausgeschildert (braunes und weißes Schild). Der SP 75 folgen Sie dann immer weiter hinauf in die Monti Peloritani. Es sind etwa 8 km ab der Abzweigung, man benötigt aber 20 Minuten für die Strecke. Die Gegend um den Park wurde renaturiert und empfängt den Besucher heute mit ihren Kräuterdüften und Bäumen.

  **Jalari Parco Museo**

Kunst, ökologische Landwirtschaft und sizilianische Tradition finden in diesem Ort zusammen. Frazione Maloto, Barcellona Pozzo di Gotto, www.parcojalari.com

ENTLANG DER KÜSTE NACH WESTEN

Die SS 113 führt nun stets an der Küste weiter nach Westen. Bis **Sant'Agata di Militello** ist dieser Abschnitt bereits bei Tour 4, Etappe 1 beschrieben. Ein Abstecher zum Heiligtum der Schwarzen Madonna (s. S. 121, ausgeschildert) lässt sich auch in diese Etappe einbauen. In der Ferne ist die Autobahn zu sehen, die über kühne Brücken und durch lange Tunnel führt. Dahinter erstrecken sich die Nebrodi-Berge (die die Tour 4, ab S. 114 erkundet). Ansonsten kann man ab Barcellona bis Sant'Agata auch die Autobahn nehmen und dadurch deutlich Zeit sparen. Ab Acquedolci ist die SS 113 gut ausgebaut und die Besiedlung wird geringer.

Die Küste ist nun von Felsen und Felsvorsprüngen geprägt. Auf einer dieser Felskuppen, nahe am Meer, liegt **Caronia**. Der Ort ist auf der SS 113 bestens ausgeschildert, in Serpentinen geht es hinauf. Caronia liegt auf 300 m Höhe über dem Meer und wird von seinem Castello überragt, das aus normannischer Zeit stammt und sehr gut erhalten ist (heute in Privatbesitz). Es beweist die Vorliebe der Normannen für ein Baukonzept, das *palazzo-castello* genannt wird – Burg und bequeme Wohnung zugleich. Von oben hat man

Hoch über dem Ort Caronia thront ein Castello, das freie Sicht auf die Umgebung und den Nebrodi-Nationalpark ermöglicht.

einen weiten Blick übers Meer und in die Berge. Kein Wunder also, dass schon die Araber diesen Ort für eine Burganlage ausgewählt hatten und der Platz seit der Antike besiedelt ist.

Museo Albergo Atelier sul Mare
Übernachten zwischen Kunstwerken – einige Zimmer sind selbst das Kunstwerk. Via Cesare Battisti, 4, 98079 Castel di Tusa. www.ateliersulmare.com/it

EIN DORF IM ZEICHEN DER KUNST

Die SS 113 überquert schließlich den Torrente Caronia. In der Ferne auf der Bergkuppe sieht man die Ortschaft Caronia sowie die Stelzen der Autobahn. Es gibt auch eine hübsche Marina di Caronia. Die Badestrände sind hier allerdings allesamt Kieselstrände. Durch viel Grün mit kleinen Gärten zieht sich nun die SS 113, tangiert einige Badeorte (allesamt mit Kieselstrand) und führt schließlich nach **Santo Stefano di Camastra**. Der schachbrettartig angelegte Ort (nach dem Erdbeben von 1693 neu geplant) ist heute vor allem ein Zentrum der sizilianischen Keramikproduktion, wie unzählige Geschäfte beweisen. Eine lange Tradition hat die Keramik in diesem Ort, denn seit der Antike wurde hier Ton abgebaut. Eine Scuola d'arte (Kunstgewerbeschule) gibt das Kunsthandwerk weiter.

Tipp: An der Porta Palermo gibt es eine natürlich mit Keramik geschmückte Promenade, die einen grandiosen Blick aufs Meer freigibt.

Das Ziel dieser Etappe ist **Castel di Tusa**. Von hier soll es in der nächsten Etappe zu der Fiumara d'arte gehen, die in Santo Stefano di Camastra schon beworben wird. Der kleine, beschauliche Ort bietet Kiesel- und sogar etwas Sandstrand, einige Unterkünfte und ist vom Tourismus nicht überlaufen. Die eigentliche Attraktion ist ein ganz spezielles Hotel (siehe Kasten oben), das jedes Zimmer in ein eigenes Kunstwerk verwandelt hat – gewöhnungsbedürftig, aber aufregend. Aus Santo Stefano di Camastra stammt auch der Begründer und Mäzen dieses einmaligen Kunsthotelprojekts. Antonio Presti musste 23 Jahre lang vor Gericht für seine Kunstwerke der Fiumara d'Arte (Teil der Etappe 2, S. 146) und für sein Hotel kämpfen. Kommunalpolitiker, Mafia-Angehörige und andere lokale Geschäftsleute fürchteten offenbar die subversiven Signale, die die Künstler mit ihren Werken den alten Verhältnissen entgegensetzten. Doch das Projekt wurde schnell international bekannt, auch bei Reisenden aus Deutschland. 2007 beschloss das höchste italienische Gericht endlich: Die Kunst ist legal und darf bleiben.

***Santo Stefano di Camasatra** ist neben Caltagirone die Hauptstadt der sizilianischen Keramik. Diese schmückt auch die Aussichtsterrasse.*

Weitere Details in der ADAC Trips App

Castel di Tusa, direkt am Meer gelegen, wartet mit einer entspannten Urlaubsatmosphäre auf.

ETAPPE 2

Von Castel di Tusa nach Cefalù

160 km ca. 3¾ Std.

Haben Sie schon mal ein Museum mit dem Auto durchfahren? Hier, an der sogenannten **Fiumara d'arte**, die entlang des Fiume di Tusa verläuft, ist es möglich. Der Kunstmäzen Antonio Presti hat die Kunstwerke in der Landschaft sowie auch das Kunsthotel in Castel di Tusa verwirklicht. Die abstrakten Kunstwerke erscheinen auf den ersten Blick überraschend, rechnet man doch nicht mit solchen Plastiken in der sizilianischen Landschaft. Auf den zweiten Blick bilden sie aber mit der Umgebung eine Einheit.

Die Fahrt geht von **Castel di Tusa** ein kurzes Stück auf der SS 113 nach Osten zurück, um dann auf die SP 174 nach Süden weiter zu verlaufen (Richtung Pettineo und Castel di Lucio, auch die Fiumara d'arte ist ausgeschildert). An der Abzweigung findet sich bereits der Hinweis auf das erste Kunstwerk »La materia poteva non esserci« (Die Materie konnte auch nicht da sein – von Pietro Consagra). Die Skulptur findet sich kurz vor der Autobahnbrücke am Rand des Flussbettes. Heute erscheint das Werk wie ein Kommentar zur kühnen Brückenkonstruktion an der Autostrada. Hat man die Brücke einmal unterquert, entwickelt sich die SP 174 zu einer Panorama- und Bergstraße, die hinter jeder Kurve neue Ansichten auf die Berge und das Tal des Fiume di Tusa freigibt. Die Straße verläuft zwischen dem Parco delle Madonie und den Monti Nebrodi. Die Hänge sind malerisch mit Olivenbäumen und Macchia bewachsen. Immer wieder tauchen seltsame Kunstwerke in der Umgebung auf. Viele Exponate muss man allerdings gezielt anfahren, um sie bewundern zu können – die braunen Hinweisschilder geben jeweils Auskunft.

Die Straße führt durch **Pettineo**, das einen Zwischenstopp wegen des Convento dei Cappuccini lohnt: ein Kapuzinerkloster aus dem 16. Jahrhundert. Außerdem sind in vielen Privathäusern Kunstwerke zu bewundern, die ebenfalls zur Fiumara d'arte gehören. Schilder weisen darauf hin, aber nicht immer sind die Bewohner offen für einen Besuch. Infotafeln stehen am Ortseingang.

Masseria Maggiore

Eine Masseria ist ein landwirtschaftlich genutztes Gut, das einst zur Bewirtschaftung großer Ländereien diente. Heute kann man in dem alten Gebäude übernachten – die frühere Funktion der Räume lässt sich noch gut erkennen. Sehr originell und stimmungsvoll. Contrada Stranghi, 98070 Pettineo. www.masseriamaggiore.com

Eine beeindruckende Skulptur des Künstlers Pietro Consagra erhebt sich am Rand des trockenen Bettes des Fiume di Tusa. Sie ist Teil der Fiumara d'arte.

IN DIE MADONIE

Der typisch auf einem Bergsattel gelegene Ort **Castel di Lucio** empfängt den Reisenden mit einem weiteren Freilichtkunstwerk (»Arethusa«). Die Straße geleitet Sie weiter (Ausschilderung »Mistretta«), führt über den Fiume di Tusa, dessen Bett hier grün überwachsen ist, und gelangt schließlich zum 950 m hoch gelegenen und von Wald umgebenen **Mistretta**.

Sie folgen weiter der SS 117, die sich nun durch die Landschaft windet. Zur Zeit der Recherche waren hier Baustellen zu sehen. Es wurde eine neue schnelle Straße gebaut – Tunnel und Brückenanlagen waren bereits zu erkennen. In **Nicosia** führt die SS 117 direkt am Castello und an der Kathedrale von San Nicola di Bari (des heiligen Nikolaus), Zentrum des hiesigen Bistums, vorbei, mitten durch die Altstadt.

Die Fahrt geht über Nicosia weiter nach Geraci Siculo und Castelbuono, wo Sie sich dann

*Im **Parco Regionale delle Madonie** der die Berglandschaft der Madonie schützt, wächst ein artenreicher Wald. Zur hier heimischen Fauna gehören Wildschweine, Füchse, Hasen und Gänsegeier.*

Weitere Details in der ADAC Trips App

Die SS 120 windet sich die Berge hinauf und liefert immer wieder Aussichten auf Gangi, den Ätna und seine Umgebung.

Die Ruinen der alten Festung von Geraci Siculo lassen die einstige strategische Bedeutung des Ortes erahnen.

im Gebiet des **Parco Regionale delle Madonie** befinden. Nehmen Sie hinter Nicosia die SS 120 Richtung Sperlinga/ Gangi. Getreidefelder und Olivenbäume säumen den Weg. **Gangi**, auf gut 1000 m Höhe, sitzt auf einer Hügelkuppe und lädt zu einem Spaziergang ein.

VON BURG ZU BURG

Ein Fest für die Sinne ist die Fahrt auf der SS 120, nachdem Sie Gangi verlassen haben. Die Straße windet sich in langen Kurven hinauf und lässt immer wieder das Panorama der Stadt Gangi erkennen. Bei gutem Wetter erhebt sich dahinter auch der Ätna. Der SS 120 folgen Sie, bis die blauen Schilder (»Geraci Siculo«, »Castelbuono«) Sie auf die SS 286 führen. Nun geht es wieder nach Norden, Richtung Küste – die Straße windet sich entlang der Bergzüge. Die burgartigen Paläste (bzw. deren Ruinen) in Geraci Siculo und Castelbuono belegen die einstige strategische Bedeutung, die sich auch während der Fahrt landschaftlich schon erschließt.

Geraci Siculo liegt auf 1077 m Höhe (im Winter liegt hier mitunter Schnee) und gehört zu den schönsten *borghi* Italiens. Das mittelalterliche Bergnest ist gut erhalten. Die Reste des Castello, einst im Besitz der mächtigen Familie Ventimiglia als Basis ihrer *contea* (Herzogtum), verdeutlichen die Bedeutung des Ortes im Mittelalter. Der Ort selbst lässt sich am besten zu Fuß durchstreifen. So kann man das mittelalterliche Flair am besten genießen.

Geraci Siculo ist nicht nur eines der schönsten Bergdörfer Siziliens, sondern auch ein besonders geschichtsträchtiges. Lage und Anfahrt machen einen Ausflug hierher zum Erlebnis.

Die von einer wehrhaften Burg dominierte Altstadt von Castelbuono liegt eingebettet im grünen Madonien-Naturpark.

Dass auch die Einwohner gerne an die große Vergangenheit der Ventimiglia anknüpfen, zeigt das Fest der Chiostra die Ventimiglia, bei dem das ganze Dorf Mittelalter spielt. Ritterspiele (*U cunti cumanna* – der Herzog befiehlt) und historische Trachten sind hier alljährlich zu bewundern.

Mit dem Salto dei Ventimiglia am nördlichen Rand von Geraci Siculo können sich Reisende einen gehörigen Adrenalinschub verabreichen. Der ganz aus Glas und Stahl gefertigte Balkon führt aus den mittelalterlichen Gassen direkt über die steil abfallende Schlucht. So glaubt man, über dem Abgrund zu schweben. Erinnert wird damit an den Tod von Francesco I. dei Ventimiglia 1337, der sich hier mit seinem Pferd in die Tiefe stürzte und sich so der Gefangenschaft durch seine Feinde entzog.

Die SS 286 wird nun endgültig zur kurvenreichen Serpentinenstraße und geleitet Sie streckenweise erneut durch dicht bewaldetes Gebiet. **Castelbuono** auf 423 m wird von seinem immensen Castello dominiert, das ebenfalls die Adelsfamilie der Ventimiglia errichten ließ. Heute beherbergt es ein Museo Civico und kann daher besichtigt werden. Aus den Fenstern blickt man weit über das Tal und die Berge – wie einst die Mitglieder der Familie Ventimiglia.

Weiter führt Sie die SS 286 an die Küste zur SS 113, die nach **Cefalù** geht. Die Stadt mit ihrem Normannendom ist heute ein Zentrum des Tourismus – hat aber ihr mittelalterliches Flair bewahrt.

Am Fuße der Rocca di Cefalù erhebt sich die normannische Kathedrale.

UMSTEIGEPUNKT
CEFALÙ

Sehenswertes in der Umgebung

Cefalù hat sich in den letzten Jahren zu einem beliebten und auch in Deutschland bekannten Urlaubsort entwickelt. Hotels, Ferienhäuser und B&Bs haben sich reichlich angesiedelt. Der touristische Erfolg des Ortes hat gute Gründe, denn die Lage von Cefalù eröffnet viele Möglichkeiten. Von Palermo ist die Stadt nur eine Stunde per Zug oder Auto entfernt. Es besteht also die Möglichkeit, von hier die Tour 1 (S. 28) anzugehen oder auch einen Stadtbesuch von Palermo ohne Auto einzuplanen (durchaus zu empfehlen, denn in Palermo sind die Top-Sehenswürdigkeiten gut zu Fuß erreichbar). Rundfahrten wie die hier in Etappe zwei vorgeschlagene lassen sich auch als Tagesausflug von Cefalù aus unternehmen. In 1½ Stunden gelangt man über die A 19 auch nach Enna ins Landesinnere und nach Caltanissetta (und somit zur Tour 2, S. 62). Daher eignet sich Cefalù auch als Standort, wenn man ein festes Quartier bevorzugt. Für die Strecke zum Flughafen in Palermo muss man 1½ bis 2 Stunden einplanen.

AUSFLUGSTIPP

Der **Parco della Rocca di Cefalù** erhebt sich direkt hinter der Kathedrale und führt Wanderer bis auf 270 m Höhe. Frühe Siedlungsspuren aus dem 9. Jahrhundert v. Chr., ein byzantinisches Kastell sowie die fantastische Aussicht lohnen den Aufstieg.

Gasse in Cefalù

ZUR TOUR 2
Über die A 19 gelangt man nach Caltanissetta und somit zur Tour 2.

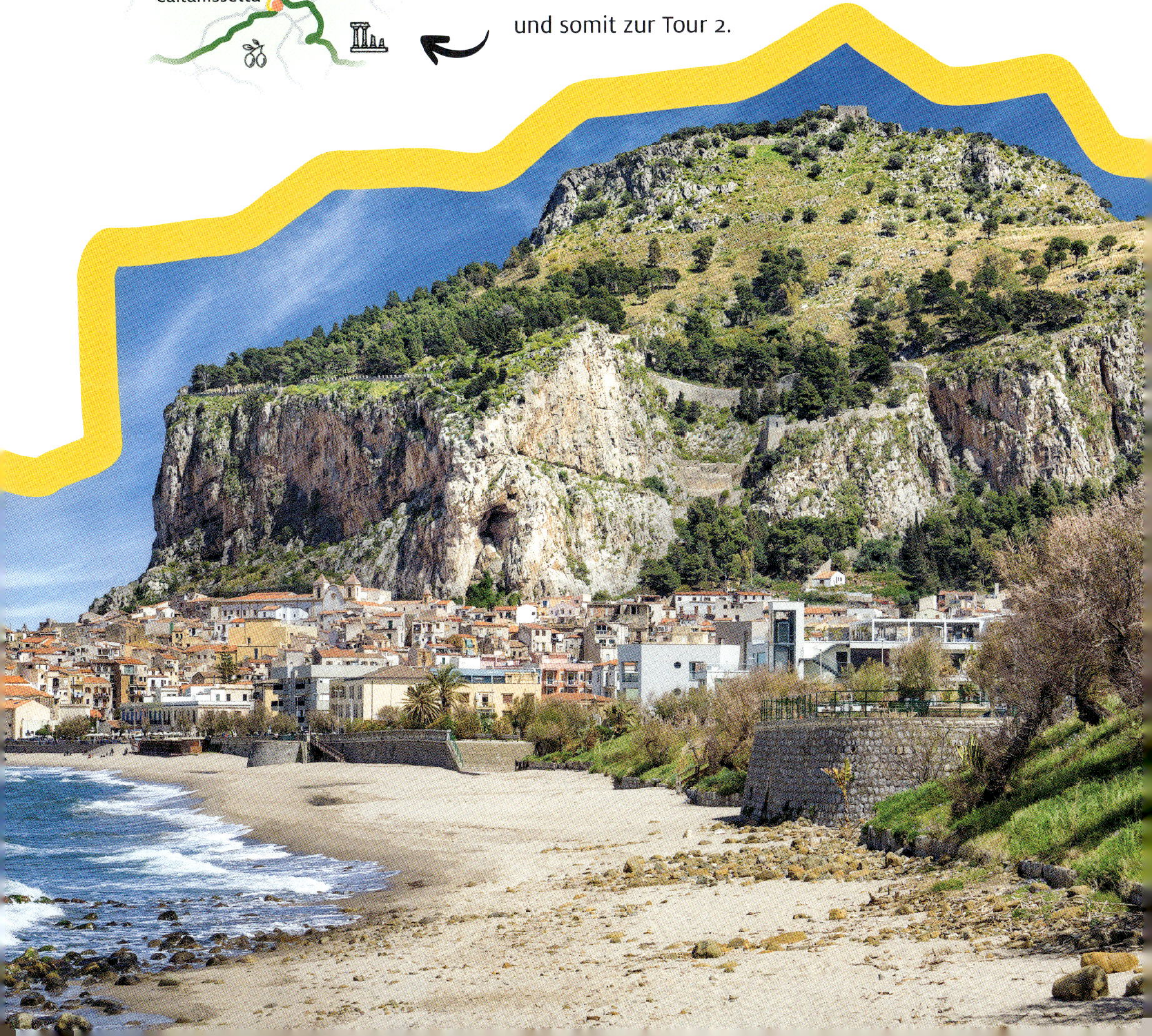

ETAPPE 3

Von Cefalù nach Palermo

107 km ca. 3 Std.

Fährt man direkt von **Cefalù** nach Palermo, benötigt man nur etwa eine Stunde. Da es jedoch auf dem Weg und ein Stück landeinwärts viel zu entdecken gibt, nimmt sich diese Etappe etwas mehr Zeit. Zunächst geht es auf der SS 113 immer Richtung Westen (Ausschilderung »Palermo«). Über weite Strecken reihen sich Hotels, Clubs, Restaurants und Privathäuser aneinander, immer wieder üppig mit Palmen und viel Grün bewachsen. Etwas Industrie ist ebenfalls zu sehen – in Cefalù ist durch den Tourismus Wohlstand eingekehrt. Die Straße biegt nach Buonfornello ein Stück südlich ins Landesinnere ab. (Sie folgen weiter den blauen Schildern.) Markant erhebt sich hier der Monte San Calogero (1326 m) mit seiner felsigen kahlen Kuppe in die Höhe. Schließlich biegt die SS 120 links ab und führt nach **Cerda**, das bereits auf den Hängen der Madonie liegt. Gleich bei der Abzweigung sind die Betontribünen nicht zu übersehen, die für das älteste Autorennen der Welt angelegt wurden – die Targa Florio. Heute werden hier immer noch Nostalgieveranstaltungen organisiert. Cerda, ein typischer landwirtschaftlich geprägter Ort mit vielen neuen Wirtschaftsgebäuden, ist keine Schönheit. Dennoch lohnt sich ein Besuch, denn ein Gemüse, die Artischocke (ital. *carciofo*), hat dem Ort Wohlstand eingebracht – so sehr, dass man in der Ortsmitte der Pflanze ein Denkmal gesetzt hat. Schon auf der Anfahrt sind die Felder nicht zu übersehen.

Erst in Sizilien lernen Kenner, was sich aus Gemüse alles zaubern lässt. Dazu bestellt man am besten in einer der Trattorien sizilianische Antipasti. Frittiert, gedünstet, eingelegt, kurz angebraten – die Variationen sind unendlich. Seit der Präsenz der Araber haben viele Kulturen ihre kulinarischen Ideen in die sizilianische Küche eingebracht.

RUND UM DEN MONTE SAN CALOGERO

Nachdem Sie Cerda hinter sich gelassen haben, geht es zunächst zurück auf die SS 113, in die Sie nach links einbiegen, um bei der Abzweigung nach Sciara wieder links auf die SP 21 abzubiegen (vorsichtig fahren!). Mit dieser umrunden Sie den Berg. Den Ort

 **Trattoria Nasca 2**

Diese Trattoria ist berühmt, serviert sie doch die besten Antipasti weit und breit. Die Betreiber hatten so viel Erfolg, dass sie mittlerweile auch in Cefalù und bei Buonfornello Zweigstellen eröffneten haben. Cerda, gleich rechter Hand am Ortseingang

Nicht zu übersehen: Rund um Cerda werden Artischocken angebaut.

Das Castello von Caccamo ist eine der am besten erhaltenen Wehranlagen aus normannischer Zeit.

Bagheria, der vornehme Villenvorort Palermos im 18. und 19. Jahrhundert, lässt seine Vergangenheit immer noch erkennen, etwa mit der Villa Palagonia.

Sciara umfahren Sie (Ausschilderung »Caccamo«) und bleiben auf der SP 21. Während rechter Hand stets der Monte San Calogero zu sehen ist, eröffnen sich links noch einmal Blicke auf die Madonie und das Tal mit vielen landwirtschaftlichen Flächen und vor allem zahlreichen teils uralten Olivenbäumen. Die SP 21 mündet in die SS 285, Sie folgen dieser weiter Richtung Caccamo. Auf den Hängen eines Bergsattels liegt das alte **Caccamo**, das mit seinem Kastell und dem Kirchturm gut zu erkennen ist, wenn man auf der SS 285 in die Siedlung hineinfährt. Daneben erstreckt sich ein neueres Stadtgebiet. Der mittelalterliche Ortskern ist gut erhalten. Das Castello ist eine der am besten erhaltenen normannischen Burgen Siziliens und kann besichtigt werden. Die SS 285 führt direkt daran vorbei, parken kann man ein Stück weiter Richtung Ortsausgang.

VOR DEN TOREN PALERMOS

Der SS 285 folgen Sie auch weiter, bis sie bei **Termini Imerese** wieder in die SS 113 mündet. So merkwürdig es klingt: Termini ist zugleich Kurstadt (mit heißen Quellen), Industriestandort und kulturelles Zentrum. Ein Besuch der Stadt und des Belvedere lohnt sich durchaus. Direkt an der SS 113 kommt man auch am Museo del Motorismo Siciliano e della Targa Florio (www.targaflorio.it) vorbei. Das Museum mit Exponaten rund ums älteste Motorsportrennen der Welt – die Targa

Florio – wird privat unterhalten. Das Rennen selbst gibt es nicht mehr, aber in der Umgebung von Cerda (S. 156) werden noch immer Veranstaltungen organisiert, die an die goldenen Zeiten des Rennsports auf der Insel erinnern.

INS HERZ DER HAUPTSTADT

Immer am Meer entlang führt Sie die Route nach **Bagheria** – der früheren Sommerfrische der palermitanischen Adeligen. Entlang der SS 113 wird nun auch die Bebauung mit Wohnhäusern und Gartenanlagen immer dichter – Palermo ist nicht mehr weit.

Im 18. und 19. Jahrhundert galt Bagheria als vornehme Villenvorstadt von Palermo. Zu jener Zeit entstanden auch herrlich skurrile Anlagen – für Goethe einst »Elemente der Tollheit« – wie die Villa Palagonia. Später überschatteten Armut und Kriminalität das Image von Bagheria, und die Stadt kam aus den Negativschlagzeilen nicht mehr heraus. Auch im Stadtbild hat diese Entwicklung Spuren hinterlassen. Dennoch lohnt sich ein Stopp, um verbliebene Schätze der Belle Époque zu betrachten.

Ein flacher, immer wieder mit Schilf bewachsener Küstenstreifen führt schließlich nach **Palermo**. Unsere Route endet am Jachthafen mit Blick auf den Monte Pellegrino, der schon von Weitem sichtbar ist und seit jeher Reisende in Palermo begrüßt.

Vom Hafen aus lässt sich Palermo wunderbar zu Fuß erschließen, führt doch eine gerade einmal 2 km lange Achse von der Porta Felice über die barock ausgestaltete Kreuzung der Quattro Canti (vier Ecken) bis zur Kathedrale mit Staufergräbern und dem Palazzo dei Normanni, in dem heute das Parlament der autonomen Region Sizilien sitzt.

An seiner Seite liegt der arabisch anmutende Kirchenbau San Giovanni degli Eremiti. Ein Großteil dieser Achse wurde als Fußgängerzone gestaltet und Cafés sowie Restaurants haben ihre Tische auf die früheren Fahrbahnen gestellt. An jeder Ecke gibt es Leckereien zum Mitnehmen. Besonders am Sonntag Vormittag herrscht eine festliche und fröhliche Stimmung. Von den Quattro Canti gelangt man auch zur Piazza Pretoria mit Brunnen und zur Martorana-Kirche sowie in die andere Richtung bis zum Teatro Massimo, dem berühmten Opernhaus. Ganz gleich, ob Sie nur flanieren oder all die Kunstschätze besichtigen wollen, hier zeigt sich die sizilianische Hauptstadt von ihrer schönsten Seite.

Hotel Tonnara di Trabia

In einer früheren *tonnara* hat sich ein elegantes Hotel direkt am Meer angesiedelt. Der alte Turm und die Hallen sind schon von der SS 113 erkennbar. Largo Tonnara, 90019 Trabia, www.hoteltonnara.it

*Die **Villa Palagonia** in Bagheria aus dem 18. Jahrhundert ist bestens erhalten, in Privatbesitz, aber zu besichtigen. Typisch sizilianisch sind die urigen Fabel- und Zwergenwesen, die als Skulpturen die Mauern und Eingänge schmücken.*

Weitere Details in der ADAC Trips App

***Palermo**, die Hauptstadt Siziliens, lässt sich am besten zu Fuß erschließen, von der Kathedrale mit den Staufergräbern bis zur Martorana-Kirche mit ihren Goldgrundmosaiken. Den Monte Pellegrino kann man auf dem alten Pilgerpfad hinaufwandern, zum Baden bietet sich Mondello an.*

Weitere Details in der ADAC Trips App

LICEO CLASSICO VITTORIO EMANUELE II

Unterwegs auf Sizilien

Praktische Tipps für Ihre Reise

Sizilien ist ein abwechslungsreiches Reiseland, das sich gerade mit dem Auto gut erkunden lässt. Das Straßennetz ist sehr gut ausgebaut und die Orientierung nicht schwierig. Die Entfernungen sind zudem nie besonders groß, sodass man das Fahren wirklich genießen und immer wieder eine interessante Pause einlegen kann. Auf den folgenden Seiten erhalten Sie die notwendigen Infos und viele praktische Tipps, damit Ihr Roadtrip zur perfekten Reise wird – *Buon viaggio!*

Mit seinem gut ausgebauten Straßennetz lädt Sizilien zu erlebnisreichen Entdeckungstouren ein.

EINREISE UND ANFAHRT

FLUGZEUG

Die entspannteste und einfachste Art, aus Deutschland nach Sizilien zu gelangen und die Insel zu bereisen, ist eine Kombination aus **Flug und Mietwagen**. Wer nicht fliegen möchte, benötigt mehr Zeit –und auch mehr Geld. Flüge zu beiden Flughäfen in Palermo und Catania werden zahlreich angeboten.

MIETWAGEN

An den beiden Flughäfen, auch in den Innenstädten, warten viele Autovermieter. Mietwagen sollten unbedingt im Voraus gebucht werden. Dringend empfohlen sind Anbieter, die ausreichende Versicherungspakete anbieten, also Vollkasko- und andere sinnvolle **Versicherungen**, möglichst ohne Selbstbeteiligung, sodass vor Ort im Schadensfall nichts mehr nachgezahlt werden muss. Für das Anmieten eines Fahrzeugs benötigt man ein *documento d'identità* (Personalausweis oder Reisepass), eine *carta di credito* (Kreditkarte mit Pin) und einen in Deutschland gültigen Führerschein *(patente)*.

BAHN

Auch per Bahn ist Sizilien zu erreichen, Nachtzüge verkehren ab München. Bei den meisten Verbindungen muss man zumindest einmal übernachten, z. B. in Rom oder Neapel. Zwischen Mailand und Neapel fahren Schnellzüge (Frecciarossa), die die Gesamtfahrzeit

Palermos Flughafen Punta Raisi liegt ca. 30 km westlich des Stadtzentrums.

Es ist scheinbar nur ein Katzensprung bis zum Festland, aber eine Brücke gibt es nicht.

verkürzen. Über die Meerenge von Messina gelangen die Züge ab Villa San Giovanni per Fähre. Die italienische Bahn verkauft leider keine **Tickets** mehr über die Deutsche Bahn. Buchungen müssen daher direkt über die italienische Website vorgenommen werden: www.trenitalia.com.

AUTO

Die Distanz vom Heimatort bis nach Sizilien sollte man nicht unterschätzen. Von Stuttgart nach Palermo sind es fast 2000 km. Autobahngebühren und Spritkosten summieren sich. Mit der Guthabenkarte VIACARD können Mautgebühren auch bargeldlos beglichen werden. Eine Anschaffung lohnt sich für Reisende, die nur auf Sizilien fahren, aber nicht.

Wer das eigene Auto mitnehmen möchte, sollte eine Vollkaskoversicherung haben, sich vorab über die **ADAC-Pannenhilfe** (S. 192) informieren und Warnweste, -dreieck und Erste-Hilfe-Kasten dabeihaben. Bis Ostern sind auf manchen Straßen Winterreifen obligatorisch. Fahrzeugbrief und der Versicherungsschein sollten immer dabei sein.

FÄHRE

Man kann einen Teil der Fahrt mit der Fähre absolvieren, ab Neapel oder sogar ab Genua kann man sich mit Pkw einschiffen. Die Fahrt mit den Grandi Navi Veloci (GNV, www.gnv.it) ab Genua nach Palermo dauert ca. 21 Stunden. Interessant ist auch eine Kombination aus Anreise per Bahn und Personenfähre: Dabei steigt man z. B. in Neapel auf die

Fährpassage über die Straße von Messina nach Sizilien

Fähre nach Milazzo oder Palermo. Ab Süddeutschland ist man so zwei Tage und eine Nacht unterwegs. Eine Anreise auf dem Seeweg ist allemal ein Erlebnis, das die Mühe lohnt.

MIT DEM AUTO UNTERWEGS

STRASSEN

Lange war Sizilien eine nur schwer bereisbare Insel. Ende des 19. Jahrhunderts galt eine Sizilienreise noch als abenteuerliches Projekt, das musste sich schon der französische Schriftsteller Guy de Maupassant sagen lassen. Viele Straßen waren nicht einmal mit Kutschen befahrbar, man musste sich mit dem Maultier oder – wenn man eine vornehme Dame war – mit einer Sänfte begnügen.

Diese Zeiten sind zum Glück vorbei. Heute durchzieht ein gut ausgebautes Straßennetz die Insel. Die Strecken sind fast alle in gutem Zustand und das Fahren ist unkompliziert und sicher. Viele kleinere Straßen weisen allerdings Schäden auf (Schlaglöcher und abgesackte Fahrbahnteile). Wie in ganz Italien gibt es folgende Straßen-Kategorien:

Tempolimits in Italien	
Autobahn (Autostrada)	max. 130 km/h
Strada statale	max. 90 km/h
Strada provinciale	max. 90 km/h
Ortschaft	max. 50 km/h

Autostrada (Autobahn): Mit grüner Beschilderung gekennzeichnet, sind die Autobahnen die schnellsten Verbindungen von A nach B. Die Autobahnachsen in Sizilien verlaufen von West nach Ost an der Nordküste (Trapani–Palermo–Messina, A 20) sowie entlang der Ostküste (Messina–Rosolini, A 18). Außerdem verbindet eine Autobahn durchs Landesinnere Catania mit Palermo und führt an Enna vorbei (A 19). Die Autobahnen sind auf Sizilien nur an manchen Streckenabschnitten gebührenpflichtig. Es gilt ein Tempolimit von 130 km/h. Daran sollte man sich auch halten, nicht nur, weil die Polizei saftige Strafen verhängt. Auch der Straßenbelag und die Straßenführung lassen höhere Geschwindigkeiten nicht zu.

Strada statale (Abkürzung SS plus Nummer) Blau ausgeschildert, sind die Staatsstraßen in etwa vergleichbar mit unseren Bundesstraßen. Sie folgen meist älteren Routen, die die Ortschaften miteinander verbanden, bevor die Autobahn existierte. Die SS führen somit durch die Orte und häufig sogar durch die Ortskerne. Das macht sie für Reisende zu sehr interessanten und landschaftlich reizvollen Routen. Die Beschaffenheit der SS ist regional sehr unterschiedlich, manche Abschnitte sind vierspurig ausgebaut, andere präsentieren sich als schmale Bergstraßen. Manche Ortsdurchfahrten erweisen sich als stauträchtige Nadelöhre. Jede SS hat eine Nummer, an der sie identifiziert werden kann (Schilder am Straßenrand nennen Nummer und Kilometerzählung). Diese Nummern finden sich auch in Google Maps und sind für die Navigation sehr hilfreich. Höchstgeschwindigkeit ist normalerweise 90 km/h. Innerhalb von Ortschaften gilt Tempo 50 km/h. Angeraten ist stets ruhiges und rücksichtsvolles Fahren. Die SS führen häufig durch unübersichtliches Gelände, Kurven oder Kuppen erschweren die Übersicht. Lassen Sie sich Zeit und verzichten Sie auf riskante Überholmanöver.

Der ADAC hat die Verkehrsregeln für Italien in deutscher Sprache zusammengefasst.

Strada provinciale (Abkürzung SP plus Nummer), blaue Ausschilderung: Eine Provincia ist ein Landkreis, es handelt sich also bei der SP um eine kommunale Straße. Was die Beschaffenheit angeht, kann eine blau ausgeschilderte SP der SS ähneln, manchmal ist es aber auch nur ein asphaltierter Feldweg. Der Belag ist oft dem Alter entsprechend

Die meisten Sehenswürdigkeiten der Insel sind mit dem Auto gut zu erreichen.

abgenutzt. Auf der SP ist besonnenes Fahren mit reduzierter Geschwindigkeit angesagt. Auch bei den SP ermöglichen die Nummern eine gute Navigation. Die zulässige Höchstgeschwindigkeit liegt bei 90 km/h. Häufig empfiehlt sich allerdings ein geringeres Tempo.

Umgehungsstraßen: Größere Städte oder auch manche Bergorte werden mit Umgehungsstraßen entlastet, die im Italienischen als *tangenziale* oder auch als *circonvallazione* bezeichnet werden. Letztere Bezeichnung wird auch für die Beschilderung verwendet.

Häufig vorkommende Schilder	
divieto di accesso	Zufahrt verboten
lavori in corso	Bauarbeiten
parcheggio	Parkplatz
rallentare	langsam fahren
senso unico	Einbahnstraße
strada senza uscita	Sackgasse
zona pedonale	Fußgängerzone
deviazione	Umleitung
tutti le direzioni	alle Richtungen
bloccato/strada chiusa	gesperrt

FAHRWEISE UND REGELN

Die Verkehrsregeln in Italien und somit auch in Sizilien unterscheiden sich nicht wesentlich von jenen in Deutschland. Der vielleicht größte Unterschied liegt in der **flexiblen Auslegung** des Regelwerks. Sturheit ist im italienischen Straßenverkehr kein guter Berater. Lassen Sie sich vom Verkehrsfluss leiten, achten Sie auf die anderen Fahrer und bewahren Sie Ruhe, wenn es zu problematischen Situationen kommt. Außerhalb von Ortschaften schreibt ein Gesetz das Einschalten des **Abblendlichts** auch tagsüber vor. Viele Italiener halten sich nicht daran und es gibt darüber heiße Diskussionen im Land. Grundsätzlich sollten Sie keinen **Alkohol** konsumieren, wenn Sie Auto fahren möchten. Die Promillegrenze liegt in Italien bei 0,5. Überschreitungen schlagen mit 500 bis über 3000 € zu Buche. Wer auf Sizilien unterwegs ist, sollte im Auto eine **Warnweste** *(giubotto di avvertimento)*, ein **Warndreieck** *(triangolo di segnalazione)* und ein **Erste-Hilfe-Set** *(cassetta di pronto soccorso)* dabeihaben. Beim Mietwagen am besten noch einmal überprüfen, ob auch alles dabei ist.
Der **Fahrzeugschein** ist bei italienischen Autos in einem Plastiktäschchen an der Windschutzscheibe zu finden. Sind Sie mit dem eigenen Auto unterwegs, sollten Sie ihn stets mit sich führen.

WITTERUNGSVERHÄLTNISSE

Zumeist sind die Witterungsverhältnisse auf Sizilien für den Autofahrer unproblematisch. Erhöhte Aufmerksamkeit – und reduzierte Geschwindigkeit – ist allerdings bei **Regenfällen** angesagt. Der italienische Asphalt ist zum Teil glatter als der, den man von Zuhause gewöhnt ist (denn er muss höhere Temperaturen aushalten): Bei Regen führt das zu einer erhöhten Aquaplaning-Gefahr. Im Frühjahr und

Parkmarkierungen – wie hier in der Altstadt von Milazzo – sind durch unterschiedliche Farben gekennzeichnet: als reserviert (gelb), zahlungspflichtig (blau) oder frei (weiß).

im Winter kann in den Bergen Siziliens auch **Schnee** liegen. Zwischen November und Anfang März sind Winterreifen oder Ganzjahresreifen nicht verkehrt. Sind Bergtouren am Ätna oder in den Monti Nebrodi bzw. Peloritani (Tour 3 und 4) geplant, sollte man sich vorher nach den Witterungsverhältnissen erkundigen. Auf manchen Pässen ist das Mitführen von Schneeketten im Winterhalbjahr obligatorisch. Auf den teils spektakulären Brücken können plötzliche Windböen auftreten.

PARKEN

Parkbuchten und -plätze sind mit verschiedenfarbigen Markierungen auf dem Straßenasphalt oder -pflaster gekennzeichnet:

- Weiß: Parken erlaubt
- Blau: Privatparkplatz oder zahlungspflichtiger Parkplatz
- Gelb: Reservierte Parkplätze, Parken nicht erlaubt
- »Zona rimozione«: Findet sich irgendwo das Abschlepp-Piktogramm *(rimozione forzata)*, ist dieses unbedingt ernstzunehmen.

KARTEN, NAVIGATION

Das Navigieren mit den einschlägigen Navigationssystemen funktioniert in Sizilien gut. Die fett gedruckten Ortsnamen in diesem Band sind auch die geeigneten Eingaben für Ihr Navigationsgerät. Aber auch nach Karte und Straßennummer zu fahren, ist kein Problem. Vielerorts ist die Ausschilderung

Das Tankstellennetz in Sizilien ist gut ausgebaut.

gut. Allerdings: Die Italiener lieben schräg gestellte Schilder mit Ortsnamen und dem Pfeil nach links oder rechts. Das bedeutet, dass die Straße geradeaus führt – eben einfach dem Pfeil folgen, wie er in der Landschaft hängt. Das ist für Nicht-Italiner stets etwas gewöhnungsbedürftig.
Braune Schilder verweisen auf Kultur- oder Naturdenkmäler sowie innerorts auf Restaurants, Unternehmen und Ähnliches.

TANKEN

Sizilien verfügt über ein sehr gutes und dichtes Tankstellennetz. Getankt werden *Senza Piombo* (SP – bleifreies Benzin) 95 oder 98, manchmal mit E5 oder E10 (Biokraftstoffen). Außerdem steht natürlich Diesel *(gasolio)* zur Verfügung. Billiger als in Deutschland ist Benzin leider nicht.

E-MOBILITÄT

Ja, es ist eine gewisse Infrastruktur vorhanden, sie ist auf Sizilien jedoch weniger ausgebaut als in Deutschland, Österreich oder der Schweiz. Wer ein festes Feriendomizil hat, wo er jeden Abend den Wagen aufladen kann, ist gut gerüstet. Denn man kann so Geld sparen und der Umwelt etwas Gutes tun. Für Tagestouren reicht die übliche Reichweite meist aus. Aber Vorsicht: Auf Bergstraßen wird deutlich mehr Energie verbraucht.
Wer mit dem E-Auto eine Rundfahrt unternehmen möchte, muss sorgsam

planen. Die Ladeversorgung ist oft zeitintensiv und zwingt zu Umwegen oder langweiligen Aufenthalten auf Parkplätzen. Auf ganz Sizilien gibt es lediglich zwei Tesla-Supercharger. **Ladesäulen** befinden sich selten dort, wo man gerne verweilt, sondern eher an Ortsrändern, etwa an Supermärkten.

VAN UND WOHNMOBIL

Die in diesem Buch vorgeschlagenen Touren sind für Pkw (oder Motorräder) konzipiert. Gerade auf den schönen und landschaftlich lohnenden Straßen begegnen einem immer wieder niedrige Brückendurchfahrten und Gewichtsbeschränkungen bei Brücken. Sie führen durch Ortschaften, in denen Wohnmobile Schwierigkeiten bekommen können. Niedrige Unterführungen können auch für Vans zum Problem werden. Manche Straßen sind sehr schmal. Bullis dürften ohne Einschränkungen gut vorankommen. Für Wohnmobile sind manche Straßen sogar explizit gesperrt.

UNFALL, PANNEN, DIEBSTAHL

Wer mit dem Mietwagen unterwegs ist, ruft bei allen Problem zunächst den Autovermieter an. Bei schwereren Unfällen, besonders mit Personenschäden, ist die Polizei und die *ambulanza* (Rettungswagen) zu verständigen.
Die Nummer **112** ist der einheitliche **Notruf**. Der Anruf geht an eine Einsatzzentrale der Polizei, die entscheidet, wer tatsächlich kommt.
Da Autovermieter und Versicherungen eine ordnungsgemäße Aufnahme des Unfalls vorschreiben, ist auch bei Unfällen mit Bagatellschäden immer die Identität und die Versicherungsnummer der Unfallbeteiligten festzustellen und die Polizei zu rufen. Der ADAC stellt auf seiner Website Muster für einen Unfallbericht in verschiedenen Sprachen zur Verfügung. Wer mit dem eigenen Wagen unterwegs ist, sollte sich beim ADAC über einen entsprechenden **Auslandsschutz** informieren. Weitere Infos siehe S. 192.

PRAKTISCHES FÜR DEN REISEALLTAG

GELD, KREDITKARTEN

Geld erhält man an jedem Bankautomaten mit EC- oder Kreditkarte mit Pin. Es gibt sie reichlich. In Geschäften kann man mittlerweile ebenso häufig mit Karte zahlen. Doch sollte man sich nicht darauf verlassen. Das gilt besonders für Pensionen, *agriturismi* und Restaurants. Für das Bezahlen mit Smartphone gilt das Gleiche: Es ist verbreitet, aber Bargeld sollte man stets dabeihaben.

GESUNDHEIT

Bei akuten Krankheitssymptomen ist die richtige Anlaufstelle das nächste *ospedale* (Krankenhaus) mit dem *pronto soccorso* (Notaufnahme) vor Ort. Mit der Karte Ihrer **Krankenversicherung** mit der Europäischen Krankenversicherungskarte (blau) auf der Rückseite werden Sie behandelt.
Mit nicht verschreibungspflichtigen Medikamenten sind die italienischen

Apotheken *(farmacia)* bestens bestückt – die Beratung ist meist freundlich und kompetent. Apotheken sind durch ein grünes Kreuz deutlich gekennzeichnet und haben Öffnungszeiten wie der Einzelhandel (normalerweise 9–13 und 16–19 Uhr, z. T. auch länger). Eine *farmacia di turno* ist eine Notfallapotheke.

Empfehlenswert ist eine zusätzliche **Auslandsversicherung** mit Rückholabsicherung. Solche Angebote bietet auch der ADAC. Wer sofort operiert werden muss, sollte dem ruhigen Gewissens zustimmen – in Italien praktizieren bestens ausgebildete Ärzte.

Die **Covid19**-Pandemie war ein schlimmes Kapitel für Italien. An dem neuartigen Coronavirus sind mehr Italiener gestorben als im Zweiten Weltkrieg! Die Folgen für die Wirtschaft und für die soziale Situation vieler Menschen sind längst nicht überwunden. Zurzeit gibt es keine besonderen coronabedingten Einschränkungen im Alltagsleben. Eine Maske sollte man dabeihaben.

HAUSTIERE

Wer seinen Hund oder ein anderes Tier mitnehmen möchte, muss gut vorausplanen. In den meisten Unterkünften sind Haustiere nicht gestattet. Auch die Anreise ist nicht ohne Hürden, denn wer mit dem eigenen Pkw nach Sizilien reist, hat je nach Herkunft 1700 bis 2000 km vor sich. In Restaurants, Hotels und Pensionen, Besichtigungsstätten oder im Mietwagen sind Hunde (und andere tierische Begleiter) meist ebenso untersagt.

Für **Hundebesitzer** rechtlich verpflichtend ist eine Hundehaftpflichtversicherung, ein Mikrochip als Kennzeichnung, eine Tollwutimpfung (mindestens 21 Tage vor Reisebeginn) sowie ein EU-Heimtierausweis. Ist der Hund jünger als drei Monate, darf er nicht nach Italien einreisen.

In Italien gilt außerdem eine strenge Leinenpflicht: Jeder Hund muss an einer maximal 1,50 m langen Leine geführt werden. Ein Maulkorb ist mitzuführen, der dem Hund auf Verlangen anzulegen ist (z. B. in öffentlichen Verkehrsmitteln). Im Auto ist der Hund vorschriftsmäßig zu sichern.

INTERNET UND TELEFON

Als die Handys aufkamen (ital. *cellulare)*, fielen sie bei den Italienern in nur zu dankbare Hände. Heute ist das **Smartphone** wie überall nicht mehr wegzudenken. Manche Dinge wie Tickets, Parkgebühren usw. können teilweise nur noch per App bezahlt werden. WLAN ist im öffentlichen Raum sehr verbreitet. Roaming ist mit den meisten Anbietern in Italien kein Problem, das Mobilfunknetz erstklassig ausgebaut. Öffentliche Fernsprecher sind weitgehend verschwunden.

ÖFFNUNGSZEITEN

Italienische **Werktage** (*giorni lavorativi*, auf Schildern mit zwei gekreuzten Hämmern dargestellt) sind Montag bis Samstag (*lunedì–sabato),* Samstag ist vielerorts bereits Wochenende.

In Sizilien schließen viele Läden (auch Banken und Apotheken) über die

Hauptpost in Palermo

Mittagszeit, also ab 12.30/13 Uhr, und öffnen ab ca. 15.30 Uhr wieder, um dann bis in den Abend bis 19/20 Uhr ihre Kunden zu empfangen. Im Sommer dauert die **Mittagspause** etwas länger. Geschäfte öffnen ab 9 Uhr, viele erst um 10 Uhr.

Supermärkte, vor allem die größeren an den Ortsrändern, haben täglich geöffnet, meist schon ab 8.30 Uhr. Mittlerweile gibt es auch in den Ortschaften kleinere Supermärkte, die mittags nicht schließen. Die beste Zeit für Einkäufe und Besorgungen aller Art ist werktags ab 9 Uhr morgens.

Museen und andere Sehenswürdigkeiten wie Burgen haben meist montags geschlossen (vorher informieren!).

Archäologische Stätten *(scavi, zona archeologica)* öffnen ab 9 Uhr morgens und schließen um 17/18 Uhr.

POST

Die italienische Post (Poste Italiane e Telegrafi) betreibt mitunter bombastische Gebäude, die unter Mussolini errichtet wurden. **Briefmarken** kauft man jedoch besser in Geschäften mit dem großen »T« auf dem Schild. Tipp: Am besten gleich auf Vorrat kaufen, denn Briefmarken gibt es nicht an jeder Ecke. Das Porto für eine Postkarte ins europäische Ausland beträgt 1 €.

Briefkästen haben zwei Schlitze: einen für lokale Post und einen für entferntere Ziele *(per tutte le altre destinazioni)*.

Das Teatro Massimo in Palermo bietet in seinem Opernsaal mit Kuppel Platz für 1300 Zuschauer.

SICHERHEIT, DIEBSTAHL

Sizilien ist für Touristen ein sicheres und auch komfortables Reiseland. Man wird Sie freundlich und warmherzig aufnehmen. Es besteht keinerlei Grund, ängstlich zu agieren. An sozialen Brennpunkten, vor allem in den Städten Palermo und Catania, ist allerdings eine gewisse Aufmerksamkeit angeraten. Dazu zählt:

- Nehmen Sie nur mit, was Sie am Tag benötigen. Achten Sie auf Handtaschen, Rucksäcke, Kamerataschen usw.
- Lassen Sie keine Wertgegenstände offen sichtbar im Auto liegen (z. B. das Handy). Das Gepäck gehört in den Kofferraum, wo es nicht sofort zu sehen ist.
- Stellen Sie den Wagen nicht in sozialen Brennpunkten ab.

Auf dem Land und in kleineren Orten besteht kaum Diebstahlgefahr. In Palermo und Catania ist es in jedem Fall empfehlenswert, mit Bus oder Bahn unterwegs zu sein. Wer in Cefalù eine Unterkunft hat und Palermo besichtigen möchte, kann den Wagen getrost für einen Tag stehenlassen. Das Gleiche gilt für Catania, das sich von Taormina oder Acireale hervorragend mit öffentlichen Verkehrsmitteln erreichen lässt. Das Ticket für Bus oder Bahn ist mitunter preiswerter als der Parkplatz in der Stadt.

Die **Mafia** auf Sizilien ist leider eine böse Realität und keineswegs Folklore. In den letzten 25 Jahren haben Staat und mutige Bürger sowie Ermittlungsrichter viele Erfolge errungen. Auch in Palermo zahlt nicht mehr jedes Geschäft Schutzgeld *(pizzo)*. Die Mordserie der 1980er- und der beginnenden 90er-Jahre ist vorbei. Dennoch verdient die Mafia (die in Sizilien Cosa Nostra genannt wird) an Drogenhandel, Baugewerbe, Müllentsorgung, Tourismus und Gastronomie und zunehmend auch in der Landwirtschaft. In Italien wurden drastische Gesetze verabschiedet, um dem organisierten Verbrechen Geld, Immobilien und Autos zu entziehen und Verdächtige abzuhören. Eine Kronzeugenregelung hat Erfolge ermöglicht. Die Corona-Krise hat der Mafia jedoch in die Hände gespielt, denn viele Italiener sind bedürftig geworden, Unternehmen in finanzielle Schieflage geraten.

Als Tourist werden Sie mit den Problemen rund um die Mafia kaum direkt konfrontiert. An Geschäften findet sich manchmal ein Hinweis der Bewegung Addiopizzo: Diese Geschäfte haben sich dazu zu entschlossen, sich nicht mehr erpressen zu lassen. In der Presse ist das Thema nach wie vor präsent (erst im Januar 2023 gelang die Verhaftung eines Mafia-Bosses).

Witze zum Thema Mafia und Vorverurteilungen sind unangebracht. Gerade in Palermo mussten viele Menschen sehr viel Mut aufbringen, um sich gegen das organisierte Verbrechen zu wehren.

THEATER, OPER, KONZERT

Im Sommer gibt es eine Fülle von *eventi:* Konzerte, Mittelalterspiele, Film-Festivals und vieles mehr. Am

besten schaut man sich vor Ort nach aktuellen Plakaten um oder besucht eine Touristeninformation. In Palermo und Catania herrscht der reguläre Spielbetrieb in den Opernhäusern und Konzertsälen.
Berühmt ist das **Teatro Massimo**, das traditionsreiche Opernhaus von Palermo, sowie das **Teatro Massimo Bellini** in Catania (benannt nach dem berühmten Opernkomponisten). Im Sommer finden außerdem Theateraufführungen antiker Stücke im **Teatro Greco** in Syrakus statt. In Taormina wird ein berühmtes Filmfestival veranstaltet, bei dem sich auch die eine oder andere Hollywood-Größe sehen lässt. Bei Abendveranstaltungen geht es meist leger zu, auch in der Oper muss es heute nicht mehr der Smoking bzw. Anzug sein (Ausnahmen sind die Premieren zur Saisoneröffnung). **Tickets** sind meist auch online erhältlich.
Rustikal geht es beim sizilianischen Marionettentheater **Teatro dei Pupi** in Palermo (und anderen Städten) zu. Die Puppen werden an Stäben und Drähten von oben geführt. Gängiges Thema ist der Ritterkampf gegen das Böse. Drachen, Sarazenen, schöne Frauen und viel Geschrei sowie ein altes klimperndes Pianola gehören immer dazu. Auch wer kein Italienisch versteht, kann der Handlung ohne Probleme folgen. Als Vorlage für die Stücke dienen Unterhaltungsromane des 19. Jahrhunderts. Für die nicht lesekundige Bevölkerung wurde diese Art des Volkstheaters erfunden.

UMGANGSFORMEN UND VERHALTEN

Höflichkeit und Respekt verstehen sich von selbst. Die Sizilianer sind herzliche Menschen und man kommt schnell ins Gespräch. Zur Höflichkeit gehört es aber auch, eine gewisse Geduld an den Tag zu legen und etwas Zeit mitzubringen, z. B. beim Essengehen.
In **Restaurants** sollte man zuerst den Wirt begrüßen, dann kann man sich mit seiner Hilfe und je nach Personenzahl einen Tisch aussuchen. In Restaurants oder Hotels ist ein **Trinkgeld** *(mancia)* von ca. 10 % üblich. In Restaurants und Cafés legt man das Geld einfach auf den Tisch.
Was die **Kleidung** betrifft, sind Italiener in den letzten Jahren immer legerer geworden. Aber natürlich sollte man in vornehmeren Restaurants oder bei Kirchenbesichtigungen nicht in Shorts und Flip-Flops erscheinen. Bikini und Badehose sind in Innenstädten oder in Restaurants ganz und gar nicht gern gesehen. **FKK** ist nur an ausgewiesenen Stränden möglich.
Das **Rauchen** von Zigaretten ist praktisch überall verboten (Hotels, Restaurants, Haltestellen, Bahnhöfe, Züge usw.). Viele Kommunen verbieten das Rauchen auch am Strand (auf keinen Fall die Kippen vergraben!). Mit Kindern oder schwangeren Frauen an Bord ist es sogar im eigenen Auto verboten.

UNTERKUNFT UND HOTEL

Wenn es um Übernachtungsmöglichkeiten geht, haben Sie auf Sizilien die Qual der Wahl. Vom Luxushotel bis zur kleinen Pension, vom Campingplatz bis

Übernachtung mit Meerblick am Capo Graziano

Zugfahrt mit Aussicht: Bei Taormina verläuft die Bahntrasse malerisch am Meer.

zur bestens ausgestatteten Ferienwohnung bietet die Insel eine unglaubliche Vielfalt. Buchen lässt sich praktisch alles über das Internet. In den letzten Jahren sind auch viele meist privat geführte **Bed-&-Breakfast-Unterkünfte** hinzugekommen. Viele davon sind über Buchungsplattformen wie www.hrs.de oder www.booking.com zu finden. Ebenso gewachsen ist das Angebot der **Agriturismi**: Bauernhöfe (z. T. bewirtschaftet) oder Landsitze, die Ferienzimmer oder Apartments anbieten. Sowohl bei den *agriturismi* als auch in B&Bs bekommt man einen Eindruck vom Alltagsleben der Sizilianer.
Auch zahlreiche **Ferienwohnungen** werden angeboten: ideal als Urlaubsbasis für eine Woche oder länger. Große organisierte Anbieter wie Novasol (www.novasol.de), aber auch private Anbieter sorgen für eine große Auswahl.
Für **Hotels** lohnt sich der Blick ins Internet. Auch Vier-Sterne-Häuser sind in der Nebensaison oft nicht teuer (etwa für ein paar Tage in Palermo).

VERKEHRSMITTEL

Sizilien ist mit **Eisenbahn** und öffentlichen **Bussen** gut erschlossen. Die Linien an der Nord- und Ostküste sind die am häufigsten befahrenen Bahntrassen. Eine Lokalbahn umrundet den Ätna. Öffentliche Busse fahren jedes Dorf an – allerdings in den ländlichen Gebieten zu Zeiten, die nicht für den Tourismus gemacht sind. Zu den Flughäfen verkehren Zubringerbusse, die Flughäfen von Catania und Palermo verfügen sogar über eigene Bahnstationen.

UNTERWEGS MIT KINDERN

Handy, Tablet & Co. haben keinen Akku mehr oder sind gleich zu Hause geblieben? Alle Hörbücher sind ausgehört? Neben dem Klassiker »Ich sehe was, was Du nicht siehst« sorgen diese Spiele für gute Stimmung auf den Rücksitzen:

FÜR KINDERGARTEN- UND GRUNDSCHULKINDER (MIT ANLEITUNG DURCH ELTERN)

- Ravensburger Tiptoi: Ratespaß auf Reisen - Sachwissen zu den Themen Straßenverkehr und Verkehrssicherheit (Altersempfehlung des Herstellers: 4-8 Jahre). Der Tiptoi-Stift muss separat erworben und sollte vor dem Urlaub komplett aufgeladen werden.

- Schmidt Spiele: Auto-Bingo, Bring-mich-mit-Spiel in der Metalldose (Altersempfehlung des Herstellers: ab 5 Jahre). Kleines, handliches Spiel für 1-3 Spieler, bei dem die Spieler verschiedene Gegenstände am Wegesrand entdecken und auf Kärtchen abhaken müssen.

- Uping: Magnetisches Holzpuzzle und Tafel (Altersempfehlung des Herstellers: ab 3 Jahre). Praktischer, kreativer Begleiter zum Puzzeln und Malen unterwegs, Vorsicht: Viele kleine Einzelteile, eventuell nur die größeren Magnetteile mit in den Urlaub nehmen!

- N. Pratt, E. Bone: Kunterbunte Spiele für lange Reisen: mit abwischbarem Stift. 50 Spielkarten mit Rätseln, Labyrinthen und Knobelaufgaben (Altersempfehlung: ab 6 Jahren, ISBN: 978-1782320296)

- S. Tudhope (Autor), M. Hill, M. Maynard (Illustrationen): Seitenweise Reisespiele: mit heraustrennbaren Seiten. Spieleklassiker wie Schiffe versenken, Tic Tac Toe für unterwegs (Altersempfehlung: ab 7 Jahren, ISBN: 978-1782322900)

- P. Gesierich: KFZ-Kennzeichen - Sticker-Sammelalbum für Ratespaß unterwegs auf Reisen (Altersempfehlung: ab 6 Jahren, ISBN: 978-3961118540)

FÜR JUGENDLICHE UND ERWACHSENE

- Coogam: Tangram-Buch mit 360 magnetischen Puzzle-Teilen. Traditionelles Puzzle aus Asien fürs Handgepäck mit einfachen und komplexeren Mustern zum Nachlegen (auch für Kinder ab 4 Jahren zum Mitspielen geeignet).

- R. Dobelli : Die Kunst des klaren Denkens: Das Kartenspiel, mit dem Sie Denkfehler erkennen und vermeiden (ISBN: 978-3742313287). Originelles und lehrreiches Kartenspiel zum Sachbuch-Bestseller »Die Kunst des klaren Denkens«.

Die Abendstimmung über den Salinen lädt zum Sundowner ein.

BAR - RISTORANTE
Giro della laguna
dello stagnone
IMBARCO
PER
MOZIA

REGISTER

H

I

J

K

L

M

N

O

P

R

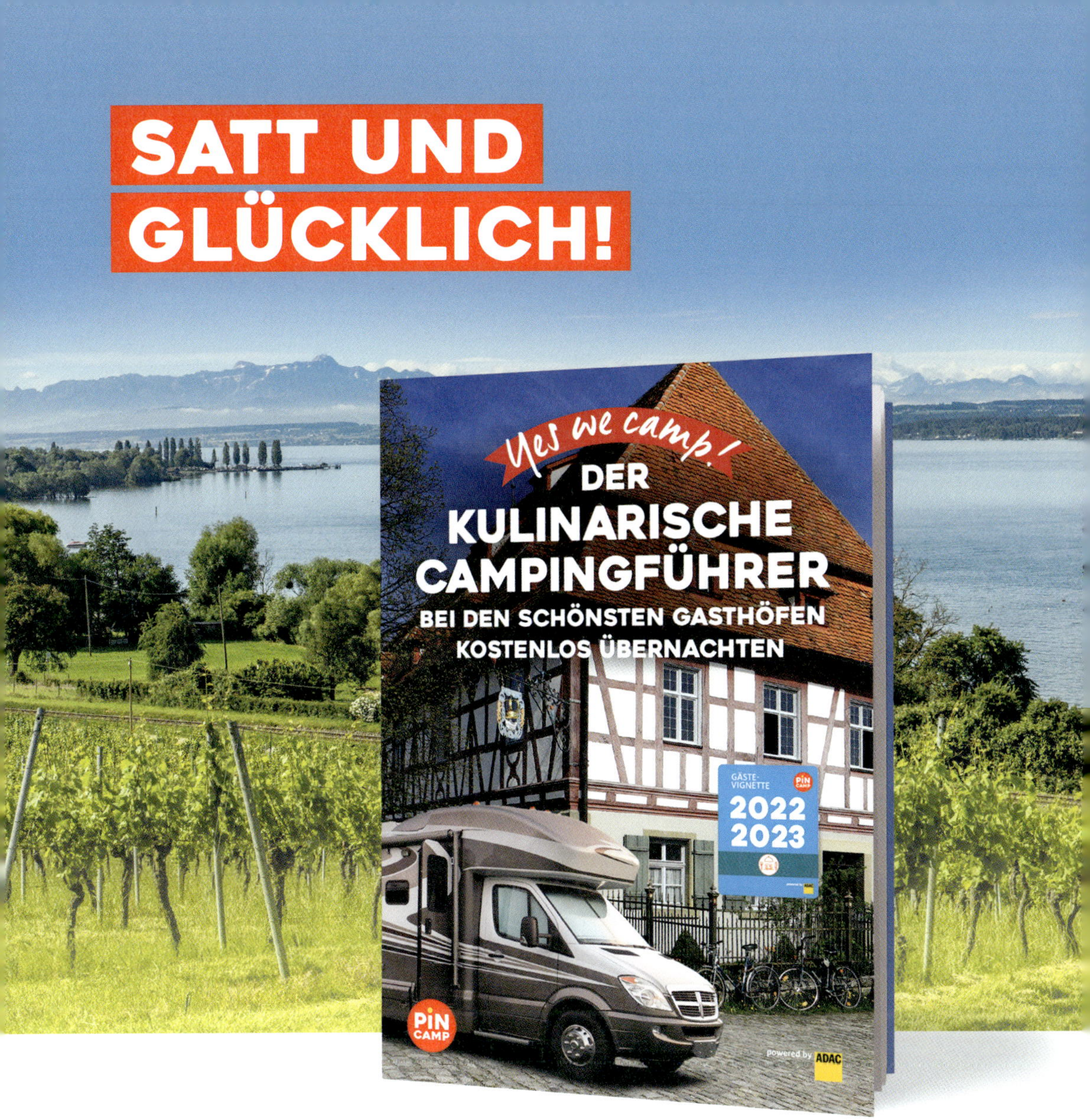

BILDNACHWEIS

Titel: Serpentinenstraße nach Forza d'Agro, Foto: **stock.adobe.com** (Sergey Kelin)
Rücktitel: Strand bei Cefalù,;Foto: **stock.adobe.com** (IgorZh)
Illustrationen Kartografie: Shutterstock, Adobe Stock, iStock, The Noun Project

123rf: 157; **akg-images**: Benjamin Ochse: U7 – **Alamy Stock Photo**: Dirk Renckhoff 142; Domenico Piccione 141; funkyfood London /Paul Williams 26; Marius Dobilas 81; McPhoto/Ingo Schulz 152 – **Carsten Drecoll**: 78, 104,147 – Davide Mauro: CC BY-SA 4.0 133 – **Getty Images**: De Agostini 20.1; Federica Gentile 100/101; Imgorthand 181; Universal Images Group 98/99 – **HUBER IMAGES**: Alessandro Saffo U5/U6, 7, 15, 22.2, 44, 45, 54, 56/57, 62/63, 63, 76, 79, 85, 93, 103, 106/107, 108, 115, 118/119; Antonino Bartucci 29, 8, 10/11, 22/23, 24/25, 41, 46/47, 67, 70/71, 96/97, 112, 116, 117, 121, 122/123, 128, 139, 145, 150/151, 162/163, 182/183; Giorgio Filippini 32/33, 179; Giovanni Simeone 19; Luca Scamporlino 91, 153; Manfred Bortoli 167; Marco Simoni 18; Massimo Borchi 21.1, 42/43; Paolo Giocoso 17, 39, 160/161; Reinhard Schmid U3/U4, 16, 35, 92, 136 – **imago images**: Frank Fischer 172; UIG 175; **laif**: Frank Heuer 84; GUIZIOU Franck /hemis 74/75 – **lookphotos**: Sabine Lubenow 13, 69 – **mauritius images**: age fotostock 40; Antony SOUTER/Alamy 131; Diego Barucco/Alamy 65; EmmePi Travel/Alamy Stock Photos 25.2; Martina Katz/imageBROKER 52; Westend61 87; XYZ PICTURES 25.1 – **picture alliance**: imageBROKER 20/21 – **Shutterstock.com**: 14, 20.2, 21.2, 22.1, 23.1, 23.2, 24.1, 24.2, 30, 31, 38, 48, 51, 59, 60, 64, 66, 70, 72, 73, 80, 86, 88/89, 89, 94, 95, 101, 105, 110/111, 129, 132, 134, 135, 143, 149, 158/159, 166, 168, 169, 176, 180 – **stock.adobe.com**: 4, 12, 33, 50, 55, 61, 82/83, 109, 120, 124/125, 125, 127, 140, 144, 148, 154/155, 155, 164/165, 171

IMPRESSUM

Markenlizenz der ADAC Medien und Reise GmbH, München

ISBN 978-3-98645-071-7

1. Auflage 2023

Autor: Dr. Carsten Drecoll
Projektleitung: Benjamin Happel
Redaktion: Benjamin Happel, Juliane Helf, Julia Hirner
Lektorat und Satz: Oliver Kiesow, Thomas Rach, www.bintang-berlin.de
Bildredaktion: Dr. Nafsika Mylona
Schlusskorrektur: Katharina Grimm, www.bintang-berlin.de
Umschlaggestaltung und Layout: ZERO Werbeagentur
Kartografie: Huber Kartographie GmbH, www.kartographie.de (Planungskarte); Katharina Grimm, www.bintang-berlin.de (Innenkarten)
Herstellung: Felix Robitsch
Druck + Bindung: Florjancic tisk d.o.o., Maribor

Ein Unternehmen der
GANSKE VERLAGSGRUPPE

Wichtiger Hinweis
Die Daten und Fakten für dieses Werk wurden mit äußerster Sorgfalt recherchiert und geprüft. Wir weisen jedoch darauf hin, dass diese Angaben häufig Veränderungen unterworfen sind und inhaltliche Fehler oder Auslassungen nicht völlig auszuschließen sind, zumal zum Zeitpunkt der Drucklegung die Auswirkungen von Covid-19 auf das Hotel- und Gastgewerbe vor Ort noch nicht vollständig abzusehen waren. Für eventuelle Fehler oder Auslassungen können Gräfe und Unzer, die ADAC Medien und Reise GmbH sowie deren Mitarbeiter und die Autoren keinerlei Verpflichtung und Haftung übernehmen.
Alle Inhalte im Buch wenden sich an und gelten für alle Geschlechter (w/m/d). Soweit grammatikalisch männliche, weibliche oder neutrale Personenbezeichnungen verwendet werden, dient dies allein der besseren Lesbarkeit.

Ansprechpartner für den Anzeigenverkauf:
KV Kommunalverlag GmbH & Co. KG,
MediaCenter München, Tel. 089/928 09 60

Bei Interesse an maßgeschneiderten B2B-Produkten:
b2b-kontakt@graefe-und-unzer.de

Leserservice
GRÄFE UND UNZER Verlag
Grillparzerstraße 12
81675 München
www.graefe-und-unzer.de

Umwelthinweis
Nachhaltigkeit ist uns sehr wichtig. Der Rohstoff Papier ist in der Buchproduktion hierfür von entscheidender Bedeutung. Daher ist dieses Buch auf PEFC-zertifiziertem Papier gedruckt. PEFC garantiert, dass ökologische, soziale und ökonomische Aspekte in der Verarbeitungskette unabhängig überwacht werden und lückenlos nachvollziehbar sind.

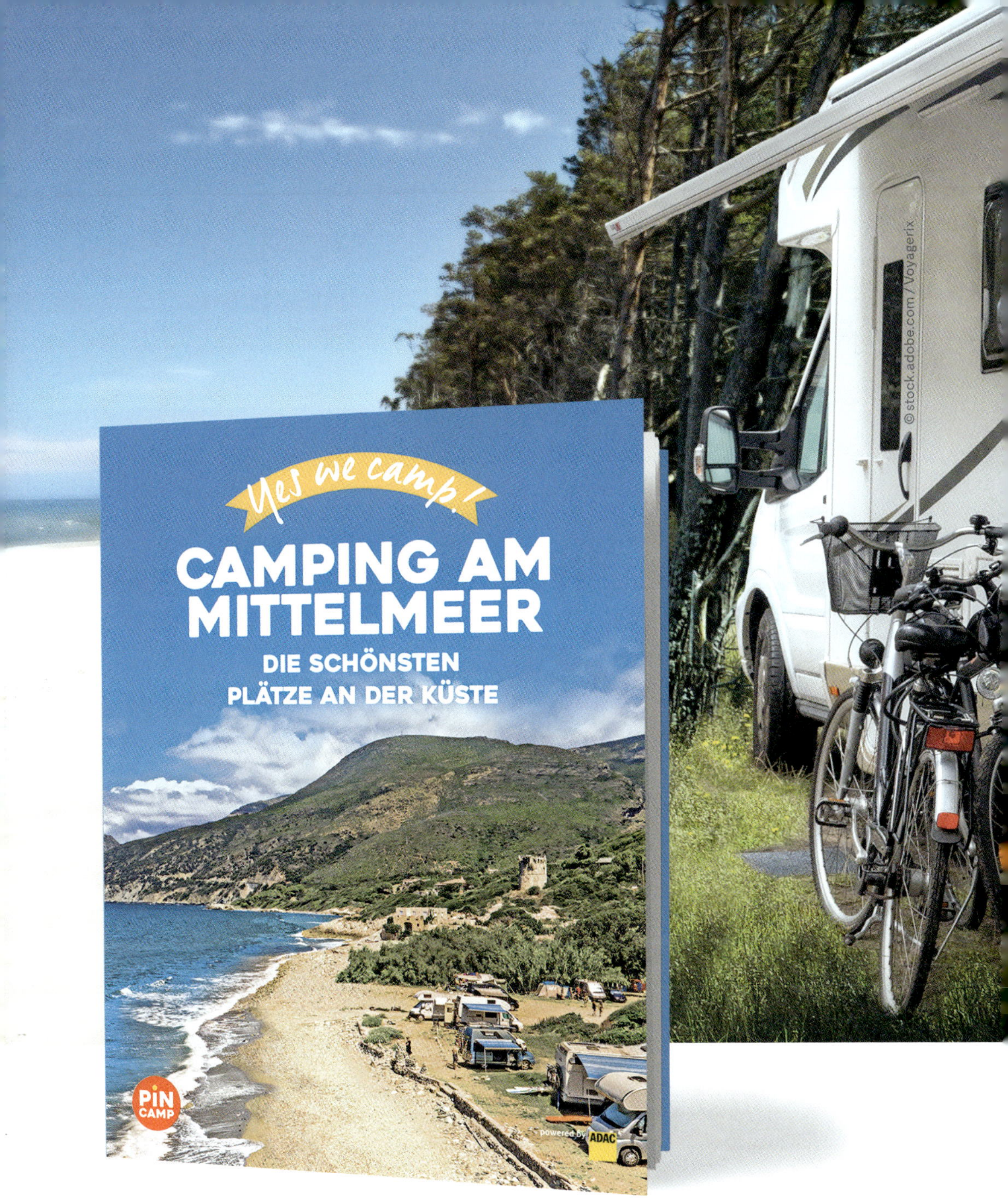

ADAC Service Sizilien

Beim **ADAC Info-Service**, in den **ADAC Geschäftsstellen** sowie auf dem **Internetportal des ADAC** (adac.de) erhalten Sie Informationen zu den Dienstleistungen des Automobilclubs und zu Ihrem Reiseziel. In der ADAC Trips App (adac.de/services/apps/trips, siehe Seite 9) finden Sie Infos zu allen Touren und Sehenswürdigkeiten.
Als **ADAC Mitglied** können Sie das kostenlose **ADAC Tourset® Italien** (adac.de/reise-freizeit/reiseplanung/tourset) mit vielen Reise infos und Karten anfordern. Bei Pannen und Notfällen steht Ihnen unser Team rund um die Uhr telefonisch und digital (adac.de/hilfe und ADAC Pannenhilfe App) zur Verfügung.

ADAC Info-Service

T 089 558 95 96 97
Infos zu allen ADAC Leistungen
(Mo–Sa 8–20 Uhr, gebührenfrei)

ADAC Pannenhilfe Deutschland

T 089 20 20 40 00, Mobil 22 22 22
(Verbindungskosten je nach
Netzbetreiber/Provider)

ADAC Ambulanzdienst

T +49 89 76 76 76
(Erkrankung, Unfall, Verletzung,
Transportfragen, Todesfall)

ADAC Pannenhilfe Ausland

T +49 89 22 22 22
(Verbindungskosten je nach
Netzbetreiber/Provider)

Online-Angebote des ADAC für Ihre Reiseplanung

Service	Webadresse
Reiseinspirationen, -planung und -hinweise	adac.de/reise-freizeit/reiseplanung
Aktuelle Verkehrslage	adac.de/verkehr
Individuelle Routenplanung	adac.de/maps
Infos zu Tankstellen und Spritpreisen	adac.de/tanken
Infos zu mautpflichtigen Strecken	adac.de/reise-freizeit/maut-vignette
Infos zu Fährverbindungen	adac.de/faehren
Aktuelle Infos vor Reiseantritt	adac.de/tourmail
Informationen für Camper	adac.de/camping
Informationen für Motorrad- und Oldtimerfahrer	adac.de/reise-freizeit/reisen-motorrad-oldtimer
Informationen für Segler und Skipper	skipper.adac.de
ADAC Reiseangebote	adacreisen.de
ADAC Autovermietung	adac.de/autovermietung
ADAC Versicherungen für den Urlaub	adac.de/versicherungen
Weltweite Preisvorteile für ADAC Mitglieder	adac.de/vorteile-international
Telemedizinische Beratung	adac.de/meinmedical

Auf den Geschmack gekommen? Dann gehen Sie doch auch in weiteren Regionen auf einen **inspirierenden Roadtrip**! Alle Bände gibt es im Buchhandel, bei den ADAC Geschäftsstellen sowie in unserem ADAC Online- Shop (adac.de/shop) und unter www.holiday-books.de.